Großes Liebestestament

Lyrik

Harald Birgfeld

Copyright 2017 beim Autor, Harald Birgfeld. Alle Rechte vorbehalten.
Harald Birgfeld, geb. in Rostock, lebt seit 2001 in 79423 Heitersheim. Von Hause aus Dipl.-Ingenieur, befasst er sich seit 1980 mit Lyrik. In mindestens 27 Anthologien ist er vertreten. Alle derzeitigen Veröffentlichungen im Anhang.
Harald Birgfeld schrieb seine Gedichte überwiegend während der Fahrten in der Hamburger S-Bahn zur und von der Arbeit, inzwischen mehr als 12.000 Strophen.
Der vorliegende Gedichtband spannt die Bögen des ersten Buches, „Liebestestament" von Freundlichkeit, Harmonie, Liebe und Verständnis weiter zum „Großen Liebestestament". Es werden nun die Fundamente dieser Bögen zu Inhalten.

Aus dem Gutachten, 1986, der an der Universität Freiburg tätigen Germanistin, Gabriele Blod:
"Es lohnt sich, einmal einen heutigen Dichter kennen zu lernen, der mit der deutschen Sprache einen faszinierend fremden Weg betritt und trotzdem dem Leser Freiraum lässt für eigene Gedankengänge, ohne dass die Probleme in erhobener Zeigefingermanier zu zeitkritischen Trampelpfaden werden."

Buchumschlag: Harald Birgfeld

Herausgeber, Autor, Redakteur: Harald Birgfeld.
e-mail: Harald.Birgfeld@t-online.de
Im Internet unter : www.Harald-Birgfeld.de

Herstellung und Verlag:
BoD - Books on Demand, Norderstedt
ISBN 9783743175938

Inhaltsverzeichnis .... Seite

Aleppo mon amour 111
Als wenn es gestern wäre 135
An diesem Wochenende im Hotel 116
Auf der Flucht 9
Begegnung auf den ersten Blick 40
Bigamie.. 69
Blutiglieben 5
Das Engelstor 118
Deines Gärtners Kunst 72
Der Himmel kam zu mir 74
Der Jasmin 5
Die Dichterin...113
Die Morgenröte einer Schwangerschaft....................101
Die Verliese einer gartenbunten Bluse 92
Dschungelland 15
Eine feine Ungewissheit.. 63
Ein kinderleichtes Spiel 95
Ein preisgekröntes Lied 133
Ein wunderbares Schluchzen seiner Träume............ 97
Er las Voltaire 67
Es ist immer noch wie Sommer hier bei uns 21
Frauenduft.. 42
Frost im Wüstensand 58
Gegenglück 65
Glasmenagerie.. 6
Goldene Verzierung 54
Großes Liebestestament 37
Hoffen auf Erfüllung.. 44
Ich hab mich sehr an dir verletzt 104
Ich hatte mich von mir getrennt......................... 48
Ich hatte mich im Arm 49
Ich hatte nichts... 49
Ich würde dich zu gerne fragen 99
Im Übergang zur jungen Frau 32
In Galaxien einer fremden Frau 137
Jean-Paul Sartre und Simone de Beauvoir 120
Lebensretter 77

Liebe auf den ersten Blick	48
Liebesbiss	7
Liebesstraße in Paris	19
Lust auf Märzenbecher	57
Mama war jetzt Nacht für Nacht woanders	30
Meine Art von Liebesleid	90
Meine Liebe galt dem Kind	11
Meine Schönheit	27
Mein Liebesspiel mit einer Parallelfigur	17
Melusine	125
Mit einer wunderbaren Technik	93
Noch im Dämmerlicht verblasst die Silhouette	140
Odysseus war doch auch viel jünger als Penelope	13
Ohne irgendwelche Angst	8
Polygame Schlinggewächse	80
Puppenhaus	128
Selbstverliebt	50
Sie waren beide völlig unerfahren	52
Suche nach versagtem Liebesleben	86
Tannenhäuser	25
Tor der Welt	77
Undine	83
Viel der Sehnsucht, wenig Liebe	60
Vogelweibchen	79
Voller Liebessehnsucht	35
Von Liebe wurde nie gesprochen	88
Von Sonnenlicht betrieben	109
Wahre Liebe	23
Wie schade, ach, wie schade	123
Zuhause angekommen	106
Zweimal Traurigkeit	130

Der Jasmin

Der Jasmin, den ich mir gestern in die
Vase stellte, lässt schon heute seine
Blüten hängen.
Seine letzte Kraft verschenkte er mit
Duft, der mir Erinnerung
Bescherte.
Süß war meine Zeit mit dir und
Kurz.
Ich schenkte dir ein
Kettchen, darin Gold und
Mondscheinsteinchen, die an Schaukeln hingen,
Dass dir meine
Sehnsucht in die Augen schwingen, springen
Musste.
Die trugst du bei einem
Abendmahl und hingst ein
Kreuz daran.

Blutiglieben

Mein selbstzufriednes Blutiglieben
Musste enden, und ich stürzte mich in meinen
Spiegel, der war aus
Metall und nicht aus Glas
Und raubte mir die Illusion von einer andren
Seite oder spitzen
Scherben.
Später fand ich mich davor
Und auch darin
Ganz unversehrt und ohne
Blut.

Glasmenagerie

Du kamst zurück von einer kleinen
Reise, die versprach ich dir.
Du wolltest außer dem Besuch auch
Fraulichkeiten für dich kaufen.
Auf dem Bahnhof deiner Rückkehr
Küssten wir uns leidenschaftlich,
Und ich legte meinen Arm um deine
Hüften.
Das war viel, weil andere, die jünger waren,
Sich ganz anders fassten und uns mit
Erstaunten Blicken auf die Ränge
Ganz nach hinten schoben,
Wegen unsres Alters.
Du sahst nichts davon, doch ich bemerkte es
Und ließ nicht nach an dir.

Zuhause hattest du viel zu berichten
Und erzähltest mit den Händen, die auf meinen
Finger landeten, wie um sich
Auszuruhen.

In Gedanken zeichnete ich einen
Akt von dir, das war sehr leicht für mich,
Doch meine Liebe
Brach sich ihren Weg und ließ, sobald du sie
Bemerktest, dich als körperloses Wesen,
Die zerbrechlichste Figur in einer
Glasmenagerie, die in dir wuchs, in eine
Durchsichtige, abgeschlossene Vitrine
Für Museumsstücke
Flüchten.

Liebesbiss

Am Menschenbahnhof ihrer Rückkunft,
Wo ich sie erwartete,
Sie in den Arm genommen werden wollte,
Fand sie mich in Einzelteilen unter Vielen vor,
Und sah mich in den anderen von hinten und
Erkannte mich an den Bewegungen,
Die mir zu eigen waren,
Dann, den Irrtum fast beweinend,
Hörte und erkannte sie mich endlich an der
Stimme, die ihr
Mut und Sicherheit verlieh.
So konnte nur ein Teil von mir sie in die
Arme nehmen
Alles andere lag irgendwo verstreut und
Schien verloren.

Sie verstand und akzeptierte den Verlust.
Ich aber hielt ihr plötzlich mit den Händen
Und von hinten beide Augen zu.
Sie wand und sie entriss sich mir
In schneller Drehung ihres Kopfes
Und beschwor mich laut:
„Ich kann nicht deine Einzelteile lieben
Und dich dir als Ganzes überlassen",
Und sie sammelte wie jedes Mal zuvor
Trotz Angst und Schrecken,
Das was sie ergreifen konnte ein,
Schuf sich ihr Bild
Und nahm mit einem Liebesbiss in meine
Hand
Besitz von mir.

Ohne irgendwelche Angst

Unsre Liebe war im Anfang klein.
Sie überraschte uns.
Es war, dass wir nun endlich
Aufeinander träfen, sahen ihre
Leuchtkraft blitzen aus der
Zarten Zufallsperle einer Muschel.

Sie war uns Geheimnis,
Das wir hüten wollten,
Und versenkten sie, im
Fleisch verwachsen,
Tief in uns.
Dafür bedurfte es nicht
Meer und Boot.

Wir gingen abends an die Küste unsrer
Heimlichkeiten,
Glaubten an Erfüllung,
Dass wir Liebe leben könnten,
Sie uns unbeschadet bliebe,
Sahen nicht mehr links und rechts.
Wir saßen auf den
Muschelpfählen nah am Strand.

Wir hatten ständig Angst um unsre Liebe,
Angst sie aus Versehehen zu zerstören,
Auch, dass sie uns aus den
Augen kommen könnte,
Dass sie nicht mehr selbstverständlich sei
Und gingen nun von Stund an
Hand in Hand,
Als müssten wir einander führen.

Unsre Liebe, wussten wir, war ungefähr,
Wuchs in Bescheidenheit
Und dauerte.
Andre sahen uns jedoch als Wassertropfen

Die nicht ineinanderlaufen
Und zerrinnen wollten.
Es blieb ihnen unverständlich,
Dass wir uns so lange und so heftig und so
Unbekümmert lieben konnten
Ohne irgendwelche Angst zu haben.

Auf der Flucht

Auf der Flucht vor dem Regime,
Vor Terror, Angst, Zerstörung,
Mord und Vergewaltigung,
Trat unser Hunderttausendfüßler, Menschenwurm,
Den Weg durch fremde, weit entfernte
Nie gesehne Länder an.
Wir waren nur die Vorhut.
Viele ließen wir zurück,
Die aber hatten uns gedrängt zu gehen.
Zukunft und Vergangenheit begleiteten als
Denken enger Wünsche unsren Marsch durch
Regen und durch Kälte.

„Weiter, weiter" hieß es und wir trieben uns,
Mal bäuchlings kriechend
Unter frisch verlegte von uns hochgezerrte
Drahtverhaue, Gitterwände, über Stacheldraht,
Dann stießen, schleppten wir uns über
Knöcheltief mit Schlamm bedeckte
Trampelpfade, mit den Wenigkeiten unsrer Habe,
Andere mit Leben im Gepäck.
Wir aßen und wir tranken, was uns Fremde gaben,
Was wir früher selber Armen spendeten.
Wir schliefen unter freiem Himmel,
Und in unsren Ohren war viel Kinderweinen.
Wir verrichteten die Notdurft auch im Freien.
Alles das ist nun Erinnerung und Ankerstein
In meinem Kopf.

So sagte mir die Frau, die,
Angekommen, einen Schatz in Händen hielt,
Den wollte sie verkaufen.
Mir war er nichts wert, doch sie war außer sich,
Weil die Bewahrung bis hierher, ihr
Rettung, Sicherheit versprochen hatte.
Das gestand sie mir.

Dann aber ging sie langsam fort.
Ich sah ihr nach.
Die Augen blieben viel zu lange an ihr hängen.
Nein, ich hätte sie auch niemals um ihr Heiligstes
Gebracht.
Da drehte sie sich um und kam zurück:
„Ich schenk dir meinen Traum vom neuen
Heil.
Wenn es mir schon kein Glück bereitet,
Soll es dich, nur wenn du willst, begleiten".
Dabei legte sie das Päckchen vorsichtig in meine
Hände.
Unsre Sprachen waren dabei stumm,
Wir redeten in Gesten,
Die sich gleich verstanden,
Und es war ihr Blick, die Lider, die sich senkten,
Der mich ohne jede
Abwehr sie in meine Arme nehmen ließ.

Sie litt, und beide waren wir nicht frei,
Doch wurde uns in diesem Augenblick
Gemeinsamkeit zur neuen Wirklichkeit,
Ihr Gastland wurde mir zum Ankunftsland.

Es war nicht richtig, was wir taten,
Ich, als die Willkommenshand, hielt sie,
Vielleicht für immer, fest in meinen Armen,
Sie, als Flüchtling, war nicht registriert.
Doch wer, der auf der Flucht ist,
Kommt schon pünktlich an.

Meine Liebe galt dem Kind

Ich las erst einen Kurzbericht in einer Tageszeitung,
Dann gab man mir Einblick ins Vernehmungsprotokoll
Und ins Geständnis.
Das geb ich so wieder:

Neben mir gedieh mein Sohn, den ich
Allein erzog.
Mein Partner hatte mich am Anfang
Meiner Schwangerschaft verlassen.
Das war mir ganz recht, er hatte sich zu
Einem Rohling, der mir gegenüber
Grob Gewalt anwendete, entwickelt.

Meine Liebe galt dem Kind, dem blonden
Jungen, der mit himmelblauen Augen
Seine Welt und meine sich
Zu eigen machte.
Kaum im Alter eines frühen Jugendlichen
Irritierten mich und andere sein großer Wuchs
Und seine Männlichkeit.
Das wusste er und gab sich so.
Er war sehr stark und übersah sein Leben
Wie es schien, schon als Erwachsener.
Er hing trotzdem an mir,
Das war mir lieb.

Als Mutter gibt man alles her,
Nur nicht sein Kind.

Ich war sehr stolz,
Doch eines Tages stand er hinter mir
Und griff mir an die Brust.
Ich dachte, dass es ein Versehen sei
Und wies ihn gleich zurecht.
Da zog er mir das Hemd und alle
Kleidungsstücke mit nur einem
Handgriff von den Schultern,

Dass sie mir als Ring um meine Füße fielen
Und blieb dabei sanft und freundlich:
„Ich will deine Brust",
Und schmiegte sich mit seinem Mund an sie.
Es war für mich zu eigenartig, was geschah,
Ich konnte mich dem nicht entziehen.
Plötzlich ließ er nach und schob mich nur
Beiseite.
Nein, wir sprachen nicht darüber.

Zwei, drei Tage später kam er doch zu mir
Und sagte:
„Es ist immer, dass der Sohn die Mutter liebt,
Ich will dich ganz"!
Und zerrte mir, als Unhold nun, erneut die
Kleidung und die Jeans vom Leib.
Ich stand entblößt vor ihm.
Dann schubste er mich auf das große Bett.
Er war sehr schnell.
Ich war gelähmt und konnte mich nicht
Wiedersetzen.
Nein, ich dachte nicht ans Schreien.
Auch nicht, als sich alles beinah täglich
Wiederholte.
Er war danach immer gut gelaunt und kindlich froh.

Von außen gab es keine Hilfe, weil ich
Schwieg und schwieg und schwieg.
Nach einem Jahr bemerkte ich die
Schwangerschaft an mir
Und wusste keinen Rat.

Als wir dann eines Tages auf dem
Bahnsteig standen
Und die Bahn sich näherte,
Er stand vor mir, ganz dicht, an erster Stelle,
Stieß ich ihn mit wenig Kraft und festem Willen
Vor den Zug.
Er taumelte bevor er auf die Gleise fiel.

Mehr sah ich nicht, und wollte ich nicht sehen,
Drehte mich danach dem Bahnhof zu.

Als Mutter liebt man doch sein Kind,
Will immer nur sein
Bestes.

Odysseus war doch auch viel jünger als Penelope.

Sie war sehr arm und auf der Flucht,
Nicht einer Flucht die Menschenleben retten sollte
Und zugleich das Leben, wie es war, verloren ging,
Nicht einer Flucht vor Krieg und Tyrannei
Und Dingen und Geschehnissen die nur
Erzählen kann, wer sie durchlebte und sie überlebt.

Als sie zu Atem kam, wir uns begegneten,
War sie schon zwanzig Jahre alt,
Ich hörte später, dass sie weitaus jünger war,
Sie gab es nur nicht zu.
Ich schien dagegen blutig jung und fühlte mich
Als Jugendlicher, der das erste Mal
Begegnung hatte.
Eine wahre Sonne färbte
Alles, was sich in mir regen konnte.

Ich verbot mir immer jede Spielerei mit einer
Frau, und diese war so über mir, so
Überlegen und zog mich zugleich so an,
Dass ich dies eine Mal nur meine
Hand auf ihre nackte Schulter legte,
Sie dann, weil kein Widerstand erfolgte,
Tiefer gleiten ließ und ihre Brust berührte.

Nein, wir waren nicht allein.
Der Raum war klein und

Die Familie saß daneben und man hielt den Atem an.
Man war dagegen, dass ich so
Erfahrung sammeln sollte,
Das stand in den Augen,
Man verließ uns stumm und ging
Mit dem Gesicht nach unten.

Es war nicht nur ihre Schönheit
Sondern ihre Wirklichkeit und
Weiblichkeit, die in mich glitt.
Sie schenkte mir den Glauben an mich selbst
Und hatte sich in diesem Augenblick mit mir
Verbündet, gegen alle anderen.

Sie hatte sich auf ihrer Flucht in mich verkrochen,
Ließ den Mantel ihrer Angst sofort dort fallen und
Verwandelte sich in ein warmes Wesen.

Mein Verlangen war ihr recht.

Die Armut, die sie bei sich trug, verlieh ihr
Anmut, Ausgeglichenheit und Mut.
Auf unsrer Jagd nach Treibgut waren wir uns
Einig, sie mit festem Blick und ich
Mit Schnelligkeit.
Die war nicht gut,
Denn ich stieß auf ein Fundament in mir:
Ich war für mich noch viel zu jung.
Sie aber, tief in mir, verspürte schmerzlich,
Dass der Mantel Angst sich nun um meine
Schultern legte und umschloss.

Sie kannte dies Gefängnis zu genau
Und sprengte es in einer Eingebung.
Sie zeigte selbstzufrieden mit den Händen erst auf mich
Und dann auf sich und flüsterte:
Odysseus war doch auch viel jünger als Penelope.

Dschungelland

Sie kam aus Dschungelland zu uns.
Sie kannte unsre Kleidung nicht und
Wusste nicht, was Schuhe sind,
Hielt unsre Körperpflege und die Mittel
Für verbürgte Tradition, für eine Art von
Körpermalerei, vielleicht als
Schutz vor Krankheit oder bösem Zauber,
Darin kannte sie sich aus.
Sie kannte aber weder Geld noch diese kleinen
Goldnen Karten für ein wunderbares
Nehmen alles dessen was man brauchte,
Die den Himmel auf die Erde brachten.
Handel, sah sie, kannte keiner hier, und keiner ging
Auf Jagd, und Frauen wurden nicht gefangen
Wie in ihrer Heimat, denn
Dort herrschte Frauenmangel.

Sie war aus Versehen bei uns eingetroffen,
Unbeschadet und ganz ungewollt,
Und suchte einen Wald, wie sie ihn kannte,
Zum Versteck.
Sie fand jedoch nur einen Park, der wachte über jeden
Busch und Baum und Tiere gab es kaum.

Die Leute, denen sie auf ihrer Flucht begegnete,
Und die sie wegen Kälte kleideten und ihren
Durst und Hunger freundlich stillten, konnten
Nicht erkennen, was sie suchte und vor was
Sie floh.

Man fragte so die Klugen und die Einfallsreichen,
Die mit Spenden einen echten Wald für sie
Eroberten,
Der aber lag sehr weit entfernt in einem andren Land,
Das war auch denen fremd, so dass sie
Forschen mussten.

Jene Frau aus Dschungelland erklärte sich,
Sie sei auf Suche nach dem einen Mann
Der ihr versprochen war und der schon alle
Prüfungen zur Manneswerdung
Überstanden hatte.
Danach war und blieb er unauffindbar.

Als man sie genauer fragen konnte,
Weil sie mehr und mehr verstand,
Begriffen alle, dass sie vor dem eignen
Vater, in die Welt geflohen war.
Sie hatte keine Mutter mehr,
Und er verlangte nun von seiner eignen Tochter
Ihn zu ehelichen.

Alle Helfer waren tief besorgt um sie und
Brachten diese junge Frau,
Die ihnen mit der dunklen Haut der Königsblume,
Der Natürlichkeit des Augenaufschlags
Und dem Sanftmut ihrer Stimme
Augenblicke lang
Als feenhaftes Wesen aus der andren Zeit erschien,
In einem ganz geheimen Schutzprogramm, auf ihren
Weg in neues Dschungelland.

Dorthin gelangte vor nicht allzu langer Zeit,
Berichteten sie ihr,
Auf gleichem Weg ein andrer Angespülter,
Dessen Namen aber niemand kannte,
Und man würde immer weiter, immer wieder
Helfen, wenn man konnte.

Mein Liebesspiel mit einer Parallelfigur

Ich saß am Tisch,
Vor mir stand Bier, vielleicht war es auch Wein,
Und hatte meine Tagesarbeit
Gut gemacht.
Zufriedenheit, die kleine, rosa Wolke
Eigenglück, hing über mir.
Es war schon später Abend.

In der Dunkelheit des Zimmers
Sandte eine Porzellanfigur, nicht höher
Als die Länge meines Unterarmes,
Ihre strahlend, weiße Silhouette in die
Dämmerung
Und zeigte eine Frau mit einem
Teller, den sie über ihren Kopf erhob,
Auf welchem Trauben lagen.

Ungeschützt von irgendwelcher Kleidung,
Schuhen, Zweigen, Ornamenten oder
Goldnen Kanten,
Setzte sie sich in verspielten,
Weichen Windungen,
Der Phantasie, den Blicken,
Des Betrachters aus,
Verharrte so im Tanz auf Zehenspitzen,
Hielt das Spielbein leicht nach hinten
Ausgestreckt.

In meinem Rücken spürte ich den
Körper einer Frau, die war vielleicht nicht
Wirklich hier,
Sie ließ mich aber wissen,
Dass sie wusste, wann ich mich in andere
Figuren schwärmte
Und beschreiben würde.
Einerseits war sie von Eifersucht besessen,
Andrerseits von Lust getrieben,

Daran teil zu haben.
Sie blieb hinter mir,
Zog dann mein dünnes Hemd nach oben,
Um mir in die Haut zu beißen.
Das verstand ich gut,
Der Schmerz war
Wirklichkeit und tat mir wohl
Und brachte Lust, mit der ich sie
Bedrängen wollte, ihr den
Liebesbiss zu geben.

Das ließ sie nicht zu.
Sie wollte nur
Mein Liebesspiel mit einer
Parallelfigur zerstören, es
Für sich gewinnen.
Das verstand ich auch
Und wandte mich der Unsichtbaren
Langsam zu.
Ich folgte ihr.

Noch spät danach schlich ich jedoch
Zurück zur Porzellanfigur und
Rührte mit den Fingern und dem Mund
An ihre bloßen Stellen zwischen
Traubenteller und dem
Spitzentanz.

Mit meinen Zähnen hinterlass ich niemals eine
Spur auf kaltem Porzellan.

Liebesstraße in Paris

Wir liebten uns,
Nicht, wie man sagt, dass „man sich liebt",
Wir liebten uns direkt und Tag für Tag
In jener Stadt der Liebe,
Wo die Liebe anders als
Woanders ist.
Hier waren oder wurden Frauen
Neu geschaffen und zu
Wesen, die für ihre Liebe mit der
Gestik ihrer Hände und der Füße
Unaufhörlich neu Erklärung brauchten,
Danach suchten und damit beschäftigt waren.
Männer nickten, stimmten zu,
Und was sie einzuwenden hatten,
Musste Schleusen ihrer Worte
Vorsichtig passieren.
Dann galt es zu warten
Ob die Frauen ihre Nähe suchen
Würden.

Sie und ich, wir machten Urlaub mit den anderen,
Die wir nicht kannten,
Und die waren so wie wir.
Sie machte sich mit angeborenem
Talent zur Einheimischen,
Nahm sofort die Sprache an
Und legte abends im Spaziergang ihren Kopf
An meine Schulter.
Süße Worte sprudelten nun heiter
Als ein kleinster Bach, in den sie ihre
Hände tauchte, um darin zu spielen,
An mein Ohr.

Ganz plötzlich wurd sie selbst zu
Einem Sturzbach, stolperte und fiel
Geräuschlos auf das Straßenpflaster,
Mir zu Füßen, ohne sich noch zu

Bewegen.
Halb riss sie mich mit zu Boden,
Dann erst hörte ich den Schuss,
Danach wurd eine Salve abgefeuert,
Und ich warf mich neben sie.

Sie war im Kopf getroffen, der war
Hinten offen, und ich musste sie so
Sehen.

Um mich her sah ich nun all die andren
Auf dem Boden liegen,
Das Gesicht nach unten.

Männer, die in ihren Händen
Automatische Gewehre und Pistolen
Hielten, sprangen über uns hinweg
Und schossen weiter auf die
Ahnungslosen, die noch aufrecht liefen.
Mit dem Finger tastete ich vorsichtig in ihre
Wunde, weil ich es nicht glauben
Wollte.

Sie war viel zu still,
Lag leblos, ohne, dass ich Blut erkennen konnte,
Ausgestreckt auf unsrer
Liebesstraße in Paris.

Es ist immer noch wie Sommer hier bei uns

Mancher Flüchtling, der vorüber kam,
Sah sicher unter Tränen auf das Reihenhaus
In dem wir beide wohnten.
Ja, es mochte sogar sein, dass der vorüber ging,
Von dem wir wussten, dass er erst vor kurzem
Seine Frau im Heimatland durch einen
Terrorakt verloren hatte.
Später fand man nur die rechte Hand von ihr,
Und die erkannte er sofort am Fingerring.
Ihr Wohnblock war zerbombt.
Das Stahlgeflecht stach nackt und
Krumm aus dem Beton,
Die Trümmerwände waren wenig später
Mit Graffitis, die den Krieg verherrlichten,
Und Kugelsalven, die darauf zerschossen wurden,
Übersät.

Es war Novembernacht bei uns und endlich
Schnee zum Wochenende angesagt.
Jetzt aber war die Hauswand immer noch von
Rosen überwachsen, die in Blüte standen.
Viele, viele Tage hatte unsre Sonne
Wärmend über allem und auf uns geschienen.
Nachts kam häufig wasserwarmer Regen
Der, mit milder Luft vermischt, zum
Draußen sitzen lud und drängte.
Dabei ließ ein leichter Wind die
Rosenzweige sich in Selbstzufriedenheit
Und mit dem Knarren der Genüsslichkeit
An hitzewarmer Hauswand scheuern.
Das Geräusch erinnerte an den
Geschmack von Abgekehrtheit und
An Nichtgestörtsein wollen.

Diesen Abend überfiel mich plötzlich, leicht und schnell,
Der Wunsch nach dir und meine Lust.

Ein eigenartiges Empfinden, ausgelöst,
Vielleicht entstanden, durch den lauen Regen und die
Aussicht auf den Schnee, das Eis,
Durch eine unbekannte Absicht auf Zerstörung
Und Recht zu behalten,
Stieg als fremder Duft und überraschte mich.

Ich wollte alles und zugleich, den
Regen, dass er mich umspült,
Die schwüle Luft, den Schnee, das Eis und dich
Als meine Königin,
War fest entschlossen, meiner
Sinnlichkeit und meinem Willen
Nachzugehen,
Aber du warst lange schon im Schlaf.

Ich ging trotzdem nach oben, trat in deine Kammer.

Dort fand ich dich nur ein wenig zugedeckt,
Halb auf der Seite liegend.
Schwaches Licht und das Geräusch des
Regens vom Titandach, das uns schützte,
Ließ mich innehalten.
Eine Liebe so zu stören und
An mich zu reißen,
War nicht, was ich wirklich wollen konnte.

Das Geräusch des Scheuerns
All der Kletterzweige unsrer Rosen
Reichte bis hierher.

Die Wärme im November ließ mich
Seltsam träumen und den
Augenblick verträumen.
Ich stand unbeweglich still, als du
Erwachtest und ganz ruhig
Sagtest:
„Es ist immer noch wie Sommer hier bei uns".

Wahre Liebe

Eine Jugendliebe ist ganz anders als
Die „wahre" Liebe.
Damals, als wir uns nach Schulschluss trafen,
Weckte meine Scheu, sie anzufassen,
Ihre Angst, berührt zu werden,
Dabei sehnten wir nichts mehr als das
Herbei.

Das Frühjahr war vorüber und die ersten
Sommersonnentage machten
Schmetterlinge aus uns beiden,
Die im Schwindel ihres schnellen
Schaukelflugs, nicht voneinander
Lassen konnten.
So wie die, verfehlten wir uns stets,
Und waren doch in größter Nähe
Zueinander.

Andere, die ihre Blicke nach uns warfen,
Sagten später, dass wir nichts von dem,
Was um uns her geschah, noch
Wahrgenommen hätten.
Aus der Ferne konnte ich sie schon mit meinem
Ganzen Körper riechen,
Spürte ihre Nähe mit dem
Rücken meiner Hände, wenn sie endlich
Nah genug an meiner Seite ging.
Entferntes Läuten irgendwelcher
Kirchenglocken klang uns als
Bestätigung.

An einem dieser Tage
Legten wir uns in ein Roggenfeld,
Das schlug die Hände über uns
Zusammen.
Ihre Haare wurden unter meinen
Streichelhänden wieder glatt,

Und ich bewunderte den
Mut, der mich so plötzlich alle
Vorsicht übersehen ließ.
Es fuhr mein Finger die Konturen ihrer
Lippen nach,
Sie schloss die Augen.
Einmal sagte sie ganz leise:
„Nein" und wieder
„Nein".

Mit einem langen Halm strich sie mir
In den Hemdausschnitt und fragte:
„Kitzelt das"?

Mein Herz schlug, dass ich es in meinen
Schläfen hörte.

Danach legte sie die Hand um meinen Nacken
Und zog meinen Kopf auf ihre Brust,
Schob ihn dann weiter tief in ihren Schoß.
Sie roch jetzt völlig anders, nicht wie sonst.
Es war der Duft nach Weiblichkeit, den ich nun
Kennenlernte, der mich mit Zufriedenheit
Erfüllte und zugleich erröten ließ.
Sie spürte, dass ich mich veränderte.

Wir standen beide auf.
Sie lehnte sich an meine Schulter
Und war eins mit sich und mir
Und fragte trotzdem:
„Glaubst du, dass wir uns einander
Eines Tages heiraten"?

Das alles ist so lange her.
Ich denke oft, sehr oft zurück an sie
Und an die
Wahre Liebe.

Tannenhäuser

Es kennen mich nur wenige.
Für sie bin ich der Tannenhäuser,
Nicht nur, weil ich in den
Wäldern nahe an den schroffen Bergen lebe,
Sondern, denke ich, auch
Wegen meiner Armenkleidung,
Meines Aussehens und wegen meiner Einfalt.
Die, so sagt man, ist mir angeboren,
Aber das ist falsch.
Ich weiß doch nur nicht meine Liebe
So zu zeigen, dass es Liebe bleibt.

Es war schon seltsam und auch selten,
Dass wir uns begegneten.
Wenn sie dann ihren Mund zum
Reden, Küssen, Lachen oder Rufen öffnete,
Sah ich die Dolche ihrer Säbelzähne,
Mir zur Furcht.
Wenn sie ihn aber schloss, erblühte eine
Symphonie aus Pfirsichhaut und
Engelshaar, gepaart mit zögerlichem, süßem
Lächeln unter dem verschämten
Dach der Augenlider, die sich senkten
Und von Unschuld sprachen.
Dann zog ich sie nah an mich heran,
Und sie wich mir nur wenig aus.

In meiner Liebe, die ich nicht an mir
Verstand, biss ich sie fest in Arm und Schulter.
Sie schrie hell erschrocken auf,
Dass ich die Waffen ihrer Zähne sehen musste:
„Was machst du an mir!
Wir kennen uns doch kaum",
Und gleich darauf fiel das Orchester ihrer
Leiblichkeit mit schmeichelhaften
Flötentönen wieder ein.

Mein Mund entgegnete zu meinem Staunen:
„Ich hab dich zum Fressen gern,
Das weißt du doch,
Und du bist meine erste Frau".

Sie war blitzschnell im Wandel,
Dem versuchte ich mit einer
Rückwärtsdrehung zu entgehen und warf mich
Ins Gras.

Der Himmel über mir war frei und
Lud mich ein,
Sie aber spreizte ihre Beine und saß
Schneller fest auf mir als ich mich
Bäuchlings legen konnte.

Es gefiel mir, was sie mit mir machte,
Doch ich wusste mich nun nicht mehr zu enthalten,
Und was von mir kam, ließ ich zu Boden fallen.

Noch bevor ich mich erheben konnte,
Schrie sie und wies hinter sich:
„Dort liegt das Kind von dir,
Und es ist schön.
Und wenn du es nicht glaubst, hol ich den
Vater und die Freunde und die andren
Frauen, die beweisen deine Untat.
Ich war jungfräulich und rein.
Das bin ich jetzt nicht mehr.
Das ist dein Kind,
Und du gehörst nun uns".

Ich sagte laut und musste
Auf die Dolche ihrer Zähne schauen:
„Niemals ist ein solches Kind von mir,
Ich lass es immer auf die Erde fallen,
Das weißt du genau,
Es kann nicht sein",
Und warf mich auf den Bauch,

Dass sie mit ihrem hochgezognen Rock zur
Seite schlug.

Ich biss ins grüne Moos,
Das schmeckte schrecklich bitter,
Und erinnerte mich nicht mehr an die
Frau, nur an das Blau des Himmels
Und das Weiß der Wolken, die mich
Überschatteten.

Es ist für mich ganz eigenartig,
Menschen zwischen
Wald und Bergen zu begegnen.

Meine Schönheit

Man sagt so einfach: „Schön ist schön",
Doch schön ist nicht gleich schön.
Ein Diamant, ein Baum, ein Text und ein
Gedanke, ja ein Leben können
„Schön" für alle Zeiten sein.
Die Schönheit einer Frau, das Ganzheitliche,
Ihr Gesicht, der Körper, ihre Haltung,
Jede der Bewegungen, ist etwas
Völlig anderes, und meine Schönheit übertrifft die
Jeder anderen bei weitem.

Wahre Schönheit bleibt für alle Zeit,
In alle Ewigkeit, denn Schönheit wiederholt sich
Immer, immer wieder,
Wird und wurde tausend Mal
Besungen und gemalt,
In Stein gehauen, aus Metall gegossen,
Abgebildet, und man sandte sie als Botschaft in
Entfernte Welten.
Schönheit redet nicht, sie teilt sich
Ohne Worte mit, sie überdauert die

Jahrhunderte, ja die Jahrtausende.
Sie bleibt nicht lange unentdeckt, selbst
Wenn sie sich versteckt entfaltet.

Meine Schönheit aber, die, die mir
Zuteil geworden ist, kann nie von jemandem
Zu irgendeiner Zeit erreicht und
Übertroffen werden.

Wenn ich mich zum Beispiel von dem Stuhl, auf dem
Ich eben saß, erhebe, trägt er
Wärme, die gehört nicht mir,
Und sie ist unpersönlich.
Meine Schönheit aber, ist allein mein
Eigentum, ist mein Besitz.
Sie ist zerbrechlich und gefährdet.
Das macht sie mir wertvoll.
Meine Schönheit muss ich hüten, schützen,
Und ich leide um sie Schmerzen, mache alles,
Um sie zu erhalten, wehre jeden
Schaden von ihr ab,
Sie ist mein Schatz.
Ich liebe sie, mehr als mein Leben,
Das kann schnell vergehen.

Man vergleicht an mir das Ebenmaß der leichten
Schatten meiner Wangen mit den flachen
Tälern einer Mondlandschaft,
Das Senken meiner Augenlider und der Wimpern
Mit den zögerlichen Flügelschlägen eines
Schmetterlings, der Sonnenwärme suchend,
Auf dem Blütenrand verharrt,
Man schwärmt von meinen leuchtend hellen, dunkelbraunen
Augen, die Achaten gleichen, doch auf
Sonderbare Weise, ohne Worte,
Zu den Menschen sprechen können.
Meine Lippen zeichnen zarte
Rispenblätter junger, südländischer Früchte nach,
Die schlafend aufeinander liegen,

Und mein Mund, der seine Farben,
Die nicht jeder unterscheiden kann,
Im Wandel zwischen rosa, rötlich, dunkelrot und purpur
Zeigt, führt ein besondres Eigenleben.

Meine Schultern deutet man als erstes
Neigen junger Stängel weißer Frühlingsblumen,
Meine Haut ist ohne jeden Makel,
Ich empfinde sie als Kleid aus
Samt, das sich in alle Richtungen bestreicheln lässt,
Auf meinen Armen lässt der kleinste
Atem, nur der Hauch von einem
Lüftchen, Engelshaare, sonst nicht
Sichtbar, sich bewegen.
Mein Hüften, meine Beine, und mein ganzer Körper
Sind im goldnen Schönheitsmaß gewachsen.
Wenn ich einen Stoff, der kaum entrollt
Noch fest am Ballen hängt,
Aus Spaß an mir drapiere,
Habe ich bei andren, die ein
Zufall um mich ranken lässt,
Den Auftritt eines modischen Ereignisses.
Es halten dabei meine nackten Füße,
Wegen ihrer Schlankheit und Beweglichkeit,
Gleichzeitig rechts auf Zehen stehend, links in
Spielerischer Schaukel schwenkend,
Diese Schauenden in Atem.

Mancher Künstler hätt mich gern zu seiner
Muse auserkoren.
Doch das kann ich nicht erlauben.
Meine Schönheit gilt nur mir.
Darin ist weder Platz für ihn noch irgendeinen
Anderen.

Mama war jetzt Nacht für Nacht woanders

Ich bin ein Mädchen und schon neun.
Mein Bruder ist erst fünf, der ist noch klein.
Mein Papa hat im Hausflur eine fremde
Frau geküsst, die hatte kurzes, schwarzes
Haar und nicht wie Mama, langes blondes.
Sie war auch ein wenig kleiner.
Ihre Kleidung war so anders,
Die würd Mama niemals tragen.
Ich hab Mama das erzählt.
Da hat sie mich beruhigt:
„Das ist eine Nachbarin, die wohnt hier nebenan.
Sie hat den Papa gern".
Ich habe Mama nicht geglaubt, denn sie hat viel
Geweint, und Papa schlief erst eine
Zeitlang auf dem Sofa,
Danach gar nicht mehr bei uns.

Ich finde, meine Mama ist sehr schön.
Sie schminkt sich vorsichtig.
Die andere ist auch sehr schön, doch färbt sie sich die
Lippen dunkelrot, das mag ich nicht.
Als Mama wieder weinte, hab ich sie gefragt, warum.
Sie sagte:
„Das ist wegen Geld, denn Papa kann uns nichts mehr
Geben, darum muss ich noch mehr arbeiten als sonst".
Die Mama war jetzt Nacht für Nacht woanders und ging
Putzen, sagte sie.

Ich hatte zu viel Spielzeug, das lag nur herum,
Und ich beschloss es heimlich zu verkaufen.
Das erzählte ich nur meinem kleinen Bruder,
Weil er mich vermissen würde.
Doch der wollte mit,
Das konnte ich ihm nicht erlauben, falls sich Mama
Melden würde, sollte sie sich keine
Sorgen machen müssen.
So blieb er Zuhause.

Gleich zu Anfang kaufte mir ein Mann,
Der freundlich mit mir sprach, für jemand den
Er kannte, meine Lieblingspuppe ab.
Er fragte mich nach meinen Eltern, ob die das
Erlaubten.
Ich gestand, dass sie davon nichts wüssten, und dass
Mama, weil mein Papa nicht mehr für uns sorgen könnte,
Jede Nacht auf drei verschiednen Arbeitsstellen
Geld verdienen müsste, und dass ich ihr dabei
Helfen wollte.
Das verstand er gut, so sagte er,
Und gab mir Geld für meine Puppe.

Danach wollte er mich noch nach Hause bringen.
Weil ich aber ängstlich war, beruhigte er mich
Und schrieb mir seinen Namen auf,
Und wie er zu erreichen wäre.

Gleich am andren Tag gab ich der Mama meinen
Geldschatz und die Nachricht von dem Mann,
Und als sie fragte, sagte ich, dass ich ihr helfen wollte.

Da sah uns mein kleiner Bruder miteinander reden
Und verstand das alles falsch.
Er fragte:
„Will der Papa wieder bei uns schlafen"?
Mama aber sagte:
„Nein. Er wird uns aber oft besuchen".
Das fand ich nicht gut und sagte:
„Wegen dieser Nachbarin? Die hat er doch geküsst".
Mein Bruder war schon wieder fort und
Wollte nichts mehr von dem Papa wissen.

Meine Mutter aber rief den Mann, der meine
Puppe hatte, an, und sprach mit ihm.
Er wollte uns besuchen und die Puppe
Wiederbringen, weil und weil und weil…

In Mamas Augen sah ich Tränen,
Und die Wangen zuckten so wie immer, wenn sie
Lächeln musste.
Ihre Augenränder waren nicht mehr so gerötet.

In der Mädchengruppe meiner Klasse
Hatte ich ein neues Lied gelernt,
Das summte ich nun leise vor mich hin und
Dachte daran,
Dass ich bald Geburtstag haben würde.

Im Übergang zur jungen Frau

Sie war im Übergang zur jungen Frau
Und lebte tief im Süden, wo die
Wärme immer wohnte, gleich am
Rand der Großstadt.
Mädchen oder junge Frauen, konnten, durften,
So wie sie, mit leichten, kurzen Kleidern,
Dekolletierten Blusen, dünnen Trägerhemdchen
Draußen und im Freien sein.
Die älteren dagegen kleideten sich
Züchtiger und strenger.
Ihre Nachbarin, die Frau des Universitätsprofessors,
Stand dazwischen und verstand in ihrer Kleidung auch
Verführung.
Die war nötig, denn ihr Mann schien manchmal
Schülerinnen seiner Universität den
Langen Blick zu schenken.

Er war braungebrannt, trug kurzes, krauses
Fell als Haar, nicht nur auf seinem Kopf.
Das sah man gut, weil er die Hemden, wie es heute
Üblich ist, nicht bis nach oben knöpfte.
Gerne hätte manche Mädchenhand das wilde
Tier an ihm gekrault.
Zudem vergaß er oft sich zu rasieren,

Und er sprach mit Worten, die sich intensiven
Bildern gleich, in junge Frauenherzen tropfen
Und dort pflanzengleich ein Eigenleben führen konnten.

Jene junge Frau erfuhr von ihm,
Weil seine Frau, die sie nur selten sah,
Sie plötzlich für den kleinen Sohn in ihrer
Freizeit engagieren wollte,
Denn die Ehefrau war auch im Dienst.
In deren Haus war aber nichts zu tun.
Das Mädchen brauchte sich um nichts zu kümmern,
Weil das Kind woanders aufgezogen wurde.
Nur der Mann traf pünktlich nach der
Lesung ein und hatte angenehmen Zeitvertreib mit ihr.
Er legte ihr, nach viel zu langer Zeit, so dachte sie,
Fast wie versehentlich,
Die Hand auf ihre Schulter und,
Sofort danach die ganze Hand erst unter ihre
Schulterlangen, schwedenblonden Locken, dann um ihren
Nacken.
Sie trug einen knöcheltiefen Faltenrock, darüber eine Bluse,
Unterhalb der Brust geschnürt.
Der Rock, die Bluse waren spielerisch verziert mit Borten.
Dies und alles was sie auf dem Körper trug
War immer in Chamois und einem Hauch von Elfenbein.
Sie konnte andre Farben nicht ertragen.

Nun hielt sie die Lippen fest geschlossen,
Lauschte auf ihr Eigenes im Innersten, das schrie:
„Er liebt mich! Endlich, endlich liebt er mich".
Ihr Herz schlug zum Zerspringen.
Langsam drehte er sich zu ihr hin
Und ihr Gesicht zu sich und fragte:
„Wenn du dir jetzt etwas wünschen dürftest,
Hier in diesem Augenblick, was wäre das"?
Sie sagte leise:
„Ich hab nur den einen Wunsch,
Ich möchte schöner sein, viel schöner als ich bin".
Da zog er sie ganz nah zu sich und

Küsste sie so leidenschaftlich, dass
Das Frauenherz in ihr erwachte,
Und sie alle Schwärmerei für ihn vergaß.

Wenn er nicht kam und sie wie sonst alleine
In der Wohnung war,
Durchstöberte sie Schränke, Fächer,
Wäschekörbe und stahl ihm ein blaues
Tageshemd, das trug noch seinen Duft.
Sie hatte ihm damit, versteckt in ihrem eignen
Zimmer, einen kleinen Hausaltar errichtet,
Den beleuchteten die winzigsten Dioden.

Bei der Sucherei jedoch entdeckte sie in einer
Gut versteckten rosa Schachtel unter
Damenwäsche, viele Fotos.
Eines davon zeigte ihn mit ihr im Arm.
Das musste jemand heimlich aufgenommen haben.
Auf dem nächsten sah sie wie sich ihre
Mutter, fest von ihm umschlungen, küssen ließ.
Danach entdeckte sie ein Bild auf dem
Ihr Vater unbekleidet auf dem nackten Körper
Keiner andren Frau als der des
Universitätsprofessors in den ehelichen Betten lag.

Gleich hinter dieser Schachtel fand sie eine handliche
Pistole, wie für Frauenhände angefertigt,
Die nahm sie sich mit.

Nur wenig später sollte, wenn es etwas kühler wäre,
Zwischen allen eine kleine Gartenfestlichkeit
Den Tag beenden, dazu war sie erstmals eingeladen.
Das war Wunsch des Vaters und der Mutter
Und des Universitätsprofessors und auch seiner Frau.
Sie ging dort hin und schwieg und hatte nur noch
Augen für den Liebsten.

Alle waren sich im Schweigen einig.

Langsam zog sie dabei, das war nicht zu übersehen, die
Pistole aus dem Ärmel ihrer Bluse, zielte mit zwei
Händen, schoss, mehr aus Versehen, dem
Professor in die rechte Schulter.
Der brach gleich zusammen.
Alle andren liefen auf die Schützin zu
Als wollten sie ihr gratulieren.
Das und ihre Tat entsetzten sie.
Sie schleuderte
Die Waffe weit von sich,
Lief dann zu dem Getroffenen
Und half als einzige nach besten Kräften
Ihn zu retten.

Voller Liebessehnsucht

„Warte nicht auf mich,
Ich bin nur kurz mal außer Haus", ruf ich dir zu.
Du bist so lieb zu mir und
Immer freundlich, und ich sag dir oft,
Dass ich dich liebe.
Das geschieht jetzt nicht.

Ich höre dich, noch stehe ich im Flur,
Wie du mich mahnst:
„Es ist schon spät, sei bitte gleich
Zurück".

Ich weiß nicht, was mich reitet, was mich treibt,
Mir klingt ein Satz im Ohr,
Der birgt Geheimnis und Verführung.
Dieser Satz stand in der
Tageszeitung mit der Überschrift:
„Vermisst" vielleicht „Verschollen", als man
Schrieb:
„Er wollte nur zum Kiosk auf der andren Straßenseite
Und ist nie zurückgekehrt".

Mich treibt es fort von dir und allem.
Ja, es ging mir gut,
Das hatte ich mit dir genossen, und
Es gab nicht einen Grund zu gehen.
Liebe, die ich seitenlang von dir erfuhr,
Beschränkte mich auf dich.
Nun aber zieht es mich mit
Hunger vor die Tür, und auf der
Straße mache ich den ersten
Atemzug mit großem Appetit
Auf neue Freiheit, meine Freiheit.

Alle Rettungsanker meines Lebens,
Dich, du Insel meiner Wünsche,
Du Erfüllerin all dessen, was ich selbst nicht kannte,
Gebe ich nun auf.
Ich lasse sämtlichen Besitz zurück,
Die Ausweiskarten, bis auf einen
Impfausweis für unbedingten Nachweis,
Dass es mich auf Erden gibt,
Und lege, was ich je besessen habe
Auf den Tisch des
„Nichts mehr davon wissen wollen".
Alles, was ich jemals kannte, hab ich
Aufgegeben, ist nun ohne mich.
An mir bin ich zum
Tier geworden, das sich eine
Ader nach der anderen mit festem Biss
Zerreißt,
Und schaue nicht zurück und drehe mich nicht um.

Vor mir liegt eine Illusion,
Die mir zur Wahrheit werden soll.
Dafür such ich den
Pilgerpfad, Vergessen,
Und den Bußweg, Abschied.

Ich hoff auf Verzicht und Qualen,
Einfachheit und Unbekanntes, welches meinen
Blick auf alles, was ich aufgegeben habe,
Schmerzlich richten soll.
Für alle Zeiten will lernen, diesen
Schritt tief zu bereuen,
Und verstehen,
Was ich Schlimmes tat, als ich von deiner
Liebe ließ, die mir mein Leben lang,
Mein Leben war.
Ich will durchtrennen und durchschneiden,
Was mich band und engte
Und Zufriedenheit verhieß.

Auf meiner Suche will ich Freude
An dem frischen Wasser eines kleinen
Baches finden, meiner
Selbstzufriedenheit den Rücken kehren.
Hoffen, dass mir eines Tages eine fremde Frau,
Ganz ohne Eigennutz,
Mit einer Geste, einem Blick, nur einer
Handbewegung, nur dem
Winken einer Locke ihres Haares,
Das ein Zufallswind bewegt, erlauben wird
Aus ihrer Liebestränke einen Schluck
Zu nehmen.
Voller Liebessehnsucht will ich sein.

Großes Liebestestament

Erstmals fand ich Mut genug
Den lange stillgelegten Flugplatz
Und die Landebahn
Seit jenem Unfall zu beschreiten.
Trauer trieb mich her.
Nach diesem Unglück, das vom
Himmel auf die Erde fiel, war er geschlossen worden.

Meine Liebste, alles was ich jemals hatte,
Blieb in Asche, Staub und weit verteilten
Trümmerteilen unauffindbar und verschollen.

Irgendjemand hatte an der Seite meines
Trauerweges ein paar Steine angehäuft,
Darein ein namenloses Kreuz aus Holz gesteckt.
Mehr konnte ich nicht finden.

So ging ich die Landebahn entlang, vorbei an
Meterbreiten und ganz kleinen Pfützen, darauf
Schimmerten die Farben dünner Plättchen,
Hingehaucht aus Öl und Kerosin.
Sie gaukelten mir Regenbögen vor,
Die überspannten Blumenstege.
Stählern kalt entstand das Blau des Korns vom Wegesrand,
Begrenzt durch grauen Feldrand einer Asphaltküste.
Neben mir erwachte Mädchenauge in zitronengelb.
Mit dunkler Iris, weiter vorne, hüteten die
Blütenblätter einer Sonnenblume ihren braunen
Teller voller Kerne.

Leichter Wind ließ sie in einer Brise,
Die der Segler auf der Wasseroberfläche einer
Überfahrt erkennt, vibrieren und den
Augenaufschlag lang verschwinden.
Dann erwuchsen sie erneut, verwandelten sich schnell in
Gelbe, rote, violette Rosen,
Deren grüne Blätter, Lotus gleich,
Mit jedem dieser kleinsten Seen
Verwachsen schienen und erzitterten.

Ich weinte lange schon nicht mehr.
Das Schluchzen hatte tiefen Seufzern Platz gemacht.

Mein Blick war weit zum Ende jener
Landebahn gewandert und kam nun zurück
In große Nähe.

Plötzlich sah ich seitlich auf dem Boden, eine
Daumennagelgroße Speicherkarte liegen.
Die erkannte ich sofort und nahm sie mit nach Haus.
Dort angekommen öffnete ich sie
Und sah auf eine Vielzahl schneller Bilder, die
In einem Flugzeug aufgenommen worden waren.

Unbekannte hielten angefüllte, durchsichtige
Becher hoch und jubelten damit nach hinten.
Dann erkannte ich, erst als Verdacht
Und dann mit Sicherheit, dass alle
Meiner Liebsten und dem fremden Mann,
Der sie in seinen Armen hielt,
Den Zuspruch spendeten.
Die küssten und die herzten sich.
Sie trug ein weißes Kränzchen mit dem
Ansatz eines Schleiers auf dem Kopf.

Mein Herz versank in einer endlos tiefen Grube,
Und ich war der Ohnmacht nahe.
Was war nur geschehen.
Diesen Urlaub wollte sie, erinnerte ich mich,
Ganz zögerlich und nur vielleicht, allein verbringen,
Und ich hatte sie ermutigt,
Bis sie sich dazu entschloss.

Den Urlaub hatte sie,
Das wurde schmerzlich wahr,
Von Anfang an als
Abschiednehmen eingeplant.

Ich wünschte mir trotzdem nun wirklich,
Dass sie einer wahren, süßen
Liebe voller Zuversicht begegnet war,
Und wünschte ihr,
Dass ich ein
Großes Liebestestament
Bewahren konnte.

Begegnung auf den ersten Blick

Ich fuhr auf einer völlig leeren Autobahn
Und war sehr schnell.
Es ging bergauf, und früher hätte ich
Darüber nachgedacht, doch jetzt erfüllte
Jede Automatik meine Zuversicht,
Als sich ganz plötzlich ein
Gesicht vor meine Augen schob.

Es war das Bildnis einer jungen Frau.
Die war als Model einer Frühjahrskollektion
Auf dem Prospekt des Modehauses
Abgebildet, und ich hatte sie mir
Nachgezeichnet.

Noch in der Sekunde, als ich ihr
Gesicht das erste Mal in Hochglanz wahrnahm,
Wurd sie meine Muse.
Ihre schrägen Augen, leicht gewölbten Lippen,
Und der freche, rechte Ohrrand, der die
Lockenwand der vollen, langen, schwarzen
Haare als ein kleiner Wink durchbrach,
Der heimlich lauschte,
Und der den Verlauf der Haare, die weit über ihre
Schultern auf die Haut und in den
Blusenausschnitt fielen,
Zu verfolgen schien,
Verführten und elektrisierten mich.
Ich musste sie sofort in Kohle, nicht in Farbe,
Zeichnen.
Wochenlang blieb sie mein Werk,
Bis ich sie hängen konnte.
Jedes Mal, wenn ich an ihr vorüber
Ging, rief sie mir etwas nach.
Sie schien mir lebenslang bekannt,
Und war Begegnung auf den ersten Blick.

Sie wollte, so empfand ich es,
Dass ihre Lippen noch mit etwas
Rötel überzogen werden sollten,
Doch das ließ ich lieber sein.

Als ihr Gesicht nun auf der
Autofensterscheibe, mir vor Augen,
Sich bewegte, sie die Haare in den Nacken strich
Und mit mir sprach,
Vermochte ich nicht zwischen
Irrealität und meiner Wirklichkeit zu unterscheiden,
Denn sie rief, ich hörte ihre Stimme gut:
„Fahr links von dieser Fahrbahn ab,
Mach schnell was ich dir sage".
Das war völlig ungewöhnlich, denn die
Abfahrt war sonst immer rechts.
Mir fiel in diesem Augenblick auch auf,
Dass alles auf der falschen Seite stand.
Die Richtungsschilder sah ich nur von
Hinten auf der Fahrerseite,
Und der breite Streifen für den Nothalt
Lag am linken Straßenrand statt rechts.
Ich nahm, wie sie es wollte, gleich die
Erste Abfahrt links.

Schon nach nur kurzem Weg
Erkannte ich den schlimmen Fehler,
Wechselte von meiner Gegenfahrbahn
Auf die rechte Seite dieser Ausfahrt.

Meine Muse saß jetzt auf dem Rücksitz,
Ich erkannte sie im Spiegel,
Dann saß sie wie selbstverständlich
Neben mir und legte ganz behutsam ihre
Hand aufs Lenkrad.
Das bewegte sie, so dass ich halten musste.
Sie stieg wortlos, lautlos durch das Fahrzeug aus
Und wurde wesenlos.

Ich fuhr auf andrem Weg zurück
Und ging gleich in mein Zimmer,
Mich zu vergewissern.

Sie hing so wie immer an der Wand
Mit eindringlichem Blick auf mich.
Sie rief jedoch nie mehr
Nach mir.

Frauenduft

Es war sehr spät in dieser Nacht.
Ich saß im großen Raum des Hauses.
Niemand wachte außer mir.
Von einer Treppe, die nach oben führte,
Sanken Schleier schwacher Düfte
Bis zu mir herab,
Und sie bestanden wechselweise aus
Jasmin, Lavendel, Moschus, Hyazinthe,
Rosen, Sandelholz und einem,
Der vereinte sie zu etwas ganz
Besonderem.
Sie setzten sich in köstlicher Erinnerung auf meine
Zunge, dass ich schmeckte, wie es damals war,
Als ich nach Mädchenhaftem Ausschau hielt
Und dabei Frauenduft entdeckte.
Der ließ mich nicht los,
Ließ mich nach innen horchen,
Wo etwas geweckt und aufgerufen wurde.
Flügel wuchsen mir.

Ich schwärmte aus und hörte
Nachts am Bach auf den Gesang der Nachtigall.
Ihr Schluchzen wurde ferner Glockenklang in meinem Ohr.

Mein Herz versuchte Ruhe in der
Dunkelheit zu finden.

Jetzt lebst du in meiner Nähe,
Liegst dort oben und deckst dich vielleicht gerade zu,
Schickst dein Parfum zuvor auf Reisen,
Sendest einen späten Abendgruß
Zu mir.
Du weißt, dass ich die halbe Nacht noch
Warten werde, bis ich neben dir zur Ruhe komm.

Wir staunen beide über
Unsre ungestüme Liebe,
Die treibt dauernd neue Blüten.
Meine wird nie satt an dir, sagst du,
Und deine, sage ich,
Ist völlig anders, die dreht dich
Mit allem was du liebst, um mich.

Ich habe heut gezählt.
Du hast mich mehr als
Sechsmal vorsichtig und doch mit
Fester Absicht in den
Rücken, Hals, die Hand und meinen Arm gebissen
Und mich deine Zähne leicht wie
Kirschen naschen spüren lassen.
Jeder Biss war etwas schwächer als ein
Zarter Liebesbiss.
Es ging mir gut dabei,
Ich schüttelte danach mein Innenfell,
Das reizte dich erneut.

Ich aber stahl mir dreimal das, was du
Zugleich am liebsten und am zögerlichsten
Mir zu schenken willens bist.
Du schworst dabei, dass du mich auf der
Stelle töten wirst,
Wenn ich in meinem Leben jemals einer
Menschenseele nur ein Sterbenswort
Davon erzähle.

Hoffen auf Erfüllung

Er verließ sein Auto, weil er ein
Bedürfnis spürte und ging in den
Öffentlichen Raum dafür.
Der war in einem großen Kaufhaus,
Erst versperrt durch Drehkreuzgitter, welche
Geld verschluckten,
Dann dahinter hell mit weißem Marmor ausgekleidet.
Leise hörte man Musik, und eine
Mitarbeiterin war aufmerksam um
Unauffälligkeit bemüht.
Er sah ihr ins Gesicht, als sie ganz plötzlich
Vor ihm stand.
Sie war ihm schon von weitem aufgefallen,
Hatte flinke Augen, und er zögerte, als sie die
Auf ihn richtete.
An diesem Ort, erinnerte er sich, macht man
Bestimmt nicht die Bekanntschaft einer Frau.
Sie aber lehrte ihn mit ihrem Blick das Gegenteil.
Er sah nun die Gelegenheit und fasste Mut und
Schämte sich zugleich für seine Dreistigkeit,
Sie anzusprechen,
Sie jedoch war schneller, hauchte,
Noch bevor er etwas sagen konnte, mit der größten
Selbstverständlichkeit:
„Ich komm gleich raus.
Ich dusch mich noch, dann bin ich draußen,
Warte bitte dort auf mich".

Er musste oft an seinen Namensgeber denken:
David, Held im Buch der Bücher, als der noch kein
König war und nicht mehr an die
Königswürde glauben konnte.
Er war nicht wie der ein Krieger, und er hatte keine
Nebenfrau und ging nie fremd und blieb
In allem Allem treu,
Empfand sich aber so wie jener
Immer wieder hingehalten.

Nur das Hoffen auf Erfüllung hatte ihn niemals
Verlassen.
Was sich ihm erfüllen sollte, schien sich nun zu zeigen,
Wahr zu werden.
Sie erschien ihm hell im Licht, das seinetwegen
Angezündet worden war,
Sie wurde Gegenwart, ein warmes, weiches Glücksgefühl,
Das er bei ihrem ersten Anblick schon empfunden hatte.

Sie kam schließlich auf die Straße.
Und sah einerseits zu Boden,
Andrerseits ein wenig schräg zu ihm.
Dann hakte sie sich ein
Und rief fast etwas laut:
„Ich heiße Alma".
Ihre Unbeschwertheit öffnete
Vertrauen, und er nannte seinen Namen
Und dazu:
„Ich möchte mit dir essen gehen, wenn du willst
Und es erlaubst".

Sie war bescheiden, angenehm gekleidet,
Ging in Jeans und hatte
Schulterlange blonde Haare, die in Locken fielen,
Roch nach Flieder, schien es ihm,
War nicht geschminkt, vielleicht ein wenig.
Und sie stimmte zu.

Er kannte sich nicht aus,
Die Gegend war ihm fremd,
Doch jede erste, beste Möglichkeit wär recht.
So gingen sie in ein Hotel mit
Restaurantbetrieb.
Dort war es ruhig, und man hätte sie
Dezent und a la carte bedient.
Da meinte sie:
„Mir wäre eine schlichte Gastlichkeit viel lieber,
Hier fühl ich mich nicht so wohl".
Das war ihm recht, und er bedankte sich bei ihr,

Dass sie es besser haben könnten,
Und sie gingen wieder.

Bei dem kleinen Essen, das sie dann
In einem Gasthof unter vielen
Menschen zu sich nahmen, sagte er:
„Ich lebe nicht allein".
Sie ging darauf nicht ein und schwor:
„Ich bin heut glücklich und es könnte
Gar nicht schöner sein, als hier mit dir zu sitzen.
Du musst nur verstehen, dass ich mich nicht
Ausgehalten wissen möchte".
Das verstand er gut, so sagte er,
Und bat trotzdem um diesen Freiraum.

Spät am Abend, auf dem Weg zurück, liebkoste er sie vielfach,
Küsste ihren Mund, den Hals und wanderte hinab
Bis auf die Schulter, dann in Leidenschaft zurück.
Sie hingen aneinander als sie voneinander
Abschied nahmen.
Jeder hatte viel gewonnen,
Das versicherten sie sich, und er rief ihr noch nach:
„Ich liebe dich. Ich werd dich immer finden.
Morgen treffen wir uns wieder".
Sie kam schnell zurück und lachte:
„Das ist leicht, ich freue mich".
Das war den beiden Pflaster und Versprechen.
Dann entfernten sie sich voneinander.

Heimgekommen hätte er gern seiner Frau erzählt
Von seiner neuen Liebe, wie er sich so
Leicht getragen fühlte und in seinem Leben
Endlich angekommen sei.
Doch das versagte er sich alles.
Seltsam fremd wurd nun das Haus für ihn.
Er staunte aber, wie sich alles fügte.

Gleich am nächsten Tag erschien er wieder
In dem Kaufhaus vor den Drehkreuzgittern.
Doch die und der Raum dahinter waren
Zugehangen.
Nur ein übergroßes Schild gab Auskunft:
„Bis auf weiteres für unbestimmte Zeit geschlossen".
Er war sicher sie mit einem Zettel zu erreichen.
Darauf stand, und er vermied es seinen oder
Ihren Namen zu erwähnen:
„Bitte melde dich im Gasthaus,
Wo wir gestern Abend saßen!
Ich vermisse dich, ich liebe dich"!
Den klebte er an eine Werbung,
Die hing an der Seite.

In dem Gasthaus hinterließ er eine Nachricht,
Doch sie meldete sich nicht, und alles war verloren.
Da verstand er schweren Herzens,
Dass er wiederum nur hingehalten worden war.
Und langsam, fast schon gegen seinen Willen,
Wuchs in ihm erneut das
Hoffen auf Erfüllung,
Irgendwann einmal, vielleicht.

Liebe auf den ersten Blick

Liebe auf den ersten Blick,
Das sagten andre über ihn,
Doch mehr verriet sein Schweigen,
Sie trug Kopftuch.

Allzu gerne hätte er ihr
Alles anvertraut,
Ihr seine Liebe eingestanden.

Ich hatte mich von mir getrennt

Gestern Abend kam ich heim.
Ich hatte mich von mir getrennt,
Ich wusste nicht warum und wie und wann.

Mein Freund und meine
Freundin sagten:
„Wir sind ‚bi', das ist nun einmal so.
Gewöhn dich endlich dran".

Ich hatte mich im Arm

Gestern Abend kam ich heim.
Ich hatte mich im Arm.
Ich war so glücklich, dass ich mich entdeckt,
Mir einfach, ohne Vorankündigung
Begegnet war.

Mein Freund und meine
Freundin sagten:
„So wirst du in deinem
Spiegelbild ertrinken.
Das ist aller
Welt bekannt".

Ich hatte nichts

Gestern Abend kam ich heim.
Ich hatte nichts und
Niemanden im Arm.

Mein Freund und meine
Freundin sagten:
„Wir sind einzigartig".

Dann erwählte mich mein Freund.
Die Freundin gab sich fest in meinen Arm,
Im Rücken aber suchte ihre Hand nach seiner
Zärtlichkeit.

Selbstverliebt

Eingebettet in das lichte Grün der
Langen Blätter stehen deine Tulpen,
Schleierrosa und in tischtuchweiß,
Seit Tagen auf dem Tisch.
Sie bilden oberhalb der Glaskaraffe einen vollen
Kreis aus Tänzerinnen, die sich im Verbeugen, in der
Körperdehnung ihrer Stiele, mit den schweren
Blüten, zu dem
Tisch darunter neigen und in Zärtlichkeit,
Im Stillstand, an ihn stoßen.

Im Zusammenspiel beschützen sie die beiden
Unbenutzten Kerzen, deren Wachs du scheinbar aus dem
Meer gezogen hast, fast farbengleich und
Eng geschmiegt an sie, als Wachsoldaten.
Lange habe ich in dieser Nacht in deinem
Zimmer zugebracht.
Zwei warme Deckenleuchten weckten es aus seiner
Dunkelheit.

Erinnerung, von der du gar nichts wissen
Kannst, und die dich nicht verletzen soll,
Steigt auf.
Ein Mädchen, damals war ich zwölf, vielleicht ein
Wenig älter, kleidete sich, um zu Tanzen, vor mir aus.
Es war, schien mir, mit seinen vierzehn Jahren,
Eine Frau.
Mit jedem Schwung der Kleider, die von ihrem
Körper glitten, spülte sich der Duft, der
Frauen eigen ist, die ihre
Mädchenhaftigkeit verlassen haben,
In den Wellen einer sanften
Dünung an den Strand.

Sie hielt die Augen plötzlich dicht vor meine,
Wandte sich schnell wieder ab und
Schaute lange durch die

Finger ihrer Hand, als Fächer;
Drehte sich danach in Sprüngen,
Zu Musik vielleicht, die ich nicht hören konnte.

Niemals hätte ich dabei gestört,
So heilig sah ich sie.
Sie tanzte barfuß, auf den nackten Sohlen,
Und für einen Atemzug stand sie auf
Zehenspitzen.

Seitlich lag, von spitzen Fingern
Hingetragen, ihr geliebtes weißes
Oberkleid aus luftig, leichtem Stoff,
Daneben das, was sie darunter als die
Kleinen, rosafarbenen Flamingoinseln,
Abgestreift und diesen Vögeln gleich,
In Vorsicht hatte landen lassen.

Sie erschien jetzt sich und mir in der ihr
Eigenen und unbedeckten Schönheit,
War mit mir und sich allein und sang entzückt und
Selbstverliebt:
„Ich fühle mich viel wohler so".

Sie hatte mich zu ihrem Publikum erkoren,
Zeigte mir ihr Können einfach so.

Als ich nun spät den Raum verlasse
Stoße ich versehentlich mit meiner
Hand an ein paar Tulpenblütenblätter,
Die sich lösen, niederfallen und als unbewegte
Schaukeln liegen bleiben.
Danach gehen beide Leuchten langsam automatisch aus
Und Weiß und Rosa weichen.

Etwas abseits sehe ich in einem
Mondlichtweißen, bauchigen
Behältnis einen Strauß Narzissen,
Der im Wachsen dieser Nacht

In Spiegelbildern strahlend gelbe
Blüten, die aus grünen Knospen züngeln,
Treiben wird.

Sie waren beide völlig unerfahren

Über Jahre hatte sie nun schon studiert.
Ihr Traum war Medizin gewesen, doch die
Mutter drängte sie ins Lehramt,
Die war selber Lehrerin,
Und schließlich blieb der
Traum ein Traum.

Die Eltern sparten wo sie konnten,
Und sie selbst half nach, als sie in einem
Kaufhaus in den Ferien alles Mögliche sortierte.

Wenn sie fertig wäre, könnte sie sich etwa
Mit dem Juniorchef des großen
Grabmalinstitutes treffen.
Der warf ihr die langen Blicke hinterher
Und hatte auch konkrete Pläne.
Irgendwie fand sie das viel zu kurios und sah sich,
Unter Lachen, einen Kinderwagen zwischen
Marmornen Figuren schieben,
Unter Trauernden, im Staub des Steinmetz,
Windeln wechseln.
Er blieb trotzdem freundlich, fast ein wenig
Brüderlich und väterlich.
Es fehlte ihm Begehren und an
Lust auf sie,
Dass sie sich trösten musste:
„Ich bin schließlich auch nicht Schönheitskönigin".

Das Studium war lang, und diese Aussicht auf die
Zukunft ging dabei verloren.

Kurz vor ihrer Prüfung, die sie äußerst jung, fast
Mädchenhaft und mit der Sympathie der
Lehrer und Dozenten leicht bestehen würde,
Lief sie einem Lehrling, der auf einer
Schiffswerft tätig war, bei ihrer besten
Freundin in die Arme.
Die beruhigte sie gleich:
„Der ist aus erstem Haus, hat aber für die
Pläne seiner Eltern kein Gehör.
An ihm ist alles auf Rebell,
Und einzig auf der Werft fühlt er sich wohl.
Studieren kommt ihm auch nicht in den Sinn
Und nicht in Frage".

Sie empfand, als sie das hörte,
Nie gekannte Leidenschaft, geradezu Verlangen,
Fühlte sich, als wär es immer so gewesen,
Zu ihm hingezogen, gegen
Jede Klugheit und Vernunft.

Mit einem ersten Blick,
Der sie nach einer Rückwand tasten ließ,
Gab er ihr seine Hand, kam nah an ihr Gesicht
Und wollte sie am nächsten Tag
Gleich heiraten.
Das war viel mehr als wacher Traum.
Sie spürte, wie ein kalter Blitz die Lippen überzog
Und gleich danach ihr Blut in alle
Körperwinkel schoss.
Sie schloss die Augen, sah und hörte
Tief im Innersten das
Herz in ungeahnter Hoffnung pochen,
Plötzlich und wahrhaftig Frau zu werden.

Eltern, Freunde rieten ab und brachten Gründe an,
Die sie nur noch darin bestärkten.
Kurz vor ihrer Prüfung, die sie später gut
Bestand, lag sie an seiner Seite.

Doch sie hatten das Problem der ersten
Nacht, das konnten sie nicht ahnen.

Später sagte ihr und ihm der Frauenarzt:
„Das habe ich in meiner langen Praxis nicht
Erlebt.
Der Eingriff ist nicht schlimm, und keinen
Trifft hier Schuld.
Die Manneskraft hat ihre Grenzen und der
Frauenkörper schützt sich manchmal
Ziemlich stark".

Sie waren beide völlig unerfahren.

Goldene Verzierung

Damals, noch in jugendlichen Jahren,
Sah er sich als
Forscher und Entdecker,
Nicht von Ländern, Meeren oder
Andersartigem Getier, nein als
Erforscher wirklich
Großer, einmaliger Liebe.

Paare, die im öffentlichen
Raum posierten, wurden ihm
Zu ungreifbaren Wesen, weil nur
Freunde und Bekannte aus der nächsten Nähe,
Deren wahre Wahrheit wissen, sie betrachten
Und beschreiben konnten.

Niemals gab es mehr für ihn als eine
Kleinnotiz, vielleicht, ganz selten, einen überregionalen
Aufschrei oder Liebesseufzer aus der Presse.
Das verdross ihn sehr und brachte ihm kein
Forscherglück.

Er war enttäuscht und ging, sich
Abzulenken, manchmal in die Oper oder ins Ballett,
Hielt den Instinkt dabei hellwach,
Lag stets auf Lauer, sah in sich den
Jäger, der versteckt und unauffällig
Beute machen wollte,
Hielt den Atem an, um
Finderglück zu haben auf der
Suche nach zwei
Menschen, die in ehrlicher und
Denkbar engster Liebesbindung zueinander standen.

So besuchte er auch einen Opernball
Mit großer Tanzeinlage einer
Tänzerin und eines Tänzers eines Staatsballetts
Und traf, als sie den Höhepunkt ertanzten,
Endlich auf die freigelegte, goldene
Verzierung seiner Vorstellung von
Glück und Liebe.

Tänzerin und Tänzer waren eine
Einheit und bewiesen Eintracht in
Beweglichkeit und Harmonie,
In liebvoller Sanftheit und in Rücksichtnahme, im
Verständnis für den anderen.

Er ließ sie federleicht und sanft nach Hebungen zu
Boden gleiten, und sie überließ ihm
Mit Geschmeidigkeit die Führung, die den
Ausdruck unterstrich und ihn
Zum Kunstwerk steigerte.

Das konnte nur durch
Körperliche Einigkeit und
Selbstverständnis einer Partnerschaft
Geschehen, wurde hier in aller Öffentlichkeit
Ausgetanzt.

Er sah sich nah am Ziel,
Und letzte Zweifel schwanden, als die beiden,
Gegen Ende ihres
Auftritts mit dem kurzen
Und doch viel zu engen Liebeskuss
Das Publikum verzaubert hielten.
Das, verstand er, konnte nur ein
Traumpaar zeigen.

Danach nahm er sich trotzdem
Noch Zeit und die Gelegenheit
Herauszufinden wie sie wohl
Zusammen lebten, wenn die
Bühne nicht Zuhause war,
Und lauschte, was man redete,
Und suchte Presse danach ab.
In einer las er schließlich, dass sie sich
Privat nicht kannten, jeder
Einen eignen Rückweg
Zu Familie und nach Hause ging.

Dies konnte auch ihr Manager in einer
Konferenz bestätigen und gab noch preis,
Dass es sich um ein Paar mit außerordentlichen
Darstellungstalenten handle.

Lust auf Märzenbecher

Du wünschtest dir von mir
Zu dieser Zeit des Vorfrühlings
Die Zeilen,
Die dich gut beschreiben,
Deine Sehnsucht nach, ich weiß nicht was,
Doch so genau, dass du dich darin sofort
Wiederfindest.

Gut, iIch weiß, ich bin zu alt für Puppen,
Deshalb dreh ich ihnen meinen Rücken zu.
Sie wohnen in der Puppenstube, hinter mir,
In einem großen Fach im Bücherschrank,
Das hab ich ihnen frei geräumt.
Sie schauen über meine Schultern,
Wollen wissen, was ich mache und womit
Ich mich befasse.

Wenn ich Blumen male, sind sie nah bei mir
Mit ihren Wünschen und Ideen,
Wie ich es besser, anders machen kann,
Aus Japan, Russland, Schweden, aus dem Zirkus
Einem Märchenwald und einer Hexenwelt.
Die höre ich mir an.

Doch jetzt, zum Ende dieses Winters,
Schauen sie mit Neugier aus dem
Fenster, ob es etwas gibt, das sie von ihm
Den Abschied gerne nehmen lässt,
Und das sie außerdem erfreut.

Sie warten deshalb auch voll Spannung
Ob ich ihre Wohnung, wie in jedem
Jahr, mit einer kleinen, weißen, angefüllten
Vase schmücke, ihre
Lust auf Märzenbecher
Wieder stille.

Frost im Wüstensand

Ich floh aus einem Land, in welchem blutig
Krieg vom Herrscher und den
Helfershelfern angezettelt worden war.
Die hohen Häuser, selbst die kleinsten Hütten,
Männer, Frauen, Kinder standen hell in
Flammen,
Die entstanden aus dem Feuer eines
Bruder-, Schwester-, Kinderkrieges, und,
Wer seine Habe oder nur den Rest davon,
Wenn überhaupt, verkauft bekam,
Um Schleuser, Meeresüberfahrt
Und rote Rettungswesten zu bezahlen,
Floh, so lang er noch am Leben war.
Den meisten aber bot man ihr Entkommen
Nur mit Drangsalierung und Erpressung an.

Zu viele waren viel zu krank, zu alt, zu schwach
Und ließen andre für sich gehen,
Halfen ihnen wo sie konnten, machten Mut und riefen:
„Meldet euch und kommt gelegentlich zurück,
Dass wir von jenem Land, das euch die
Hand entgegenstreckt,
Aus erster Hand erfahren.
Wir hier harren aus und warten auf ein Ende,
Das ist sicher und gewiss".

Sehr viele starben vor der Überfahrt,
Und viele andere ertranken im ersehnten Meer.
Das hatten einige noch nie gesehen.
Erst danach begannen wahre Flucht
Und Leid.

Das Land, aus dem ich floh,
Zerrissen glühende und explodierende Granaten,
Bomben, die ein schwarzer Himmel
Aus der Hand des Herrschers, ehemals
Verbündeten und wieder neuen

Helfern, auf die Städte fallen ließ.

In Hinterhalten saßen Schützen, die, gespickt mit
Automatischen Gewehren, zielten und auf alles
Und auf jeden schossen, was und wer sich
Rührte und bewegte,
Oder, wenn sich weiter nichts ergab,
Versuchten, Ornamente in Beton zu schießen,
Kugelsalven auf Verlassenes zu feuern,
Weiße Vasen, die in Fensterhöhlen standen,
Und Geräte, die Verhassten einst gehörten,
Kühlschranktüren, Lampen und Regale in den
Aufgeplatzten Wohnungen, zu treffen.

Morgen könnte alles anders und zurück erobert sein.
Darauf vertrauen konnte aber keiner.

Meine Füße und die vielen andrer
Mussten durch den heißen
Sand, um zu entkommen,
Schlossen sich darin zu einem Wurm.
Der wuchs und wuchs und wuchs
Und schob sich über Dünen und
Verschwand dahinter,
Doch wir hörten unsre Fährtenleser sagen:
„Nur noch dieses kleine Stück,
Das Meer liegt gleich dahinter".

Durst und Hunger machten nur des
Nachts ein wenig Rast,
Der Frost im Wüstensand ließ sie nicht zu,
Auf uns saß Angst, nur Angst.
Erst morgens wachte auch die
Hoffnung wieder auf und
Schürte neuen Mut.

Wir kamen an die Küste
Und erkannten sie nicht gleich.
Ich aber sah noch weit davor im

Wüstensand den Quader stehen, ganz aus Eis
Und gläsern durchsichtig,
Ein wenig größer als ein Mensch.
Darin stand eingefroren, eingeschlossen eine
Frau, die lehnte sich an seine
Vorderwand, als wollte sie sich vom
Geschehen nichts entgehen lassen.

Ich ging aus dem Treck, so dicht es möglich war
An sie heran, erkannte voller Zweifel,
Wollte es nicht glauben, meine eigne Frau.
Sie schien mir zuzuschauen und zu sagen:
„Sei ganz ohne Angst,
Der Eisblock wird nicht schmelzen
Bis du wiederkommst".
Ihr Lächeln, voller Zuversicht,
Umflutete die Lippen.

Viel der Sehnsucht, wenig Liebe

Das Familienglück zu dritt, mit
Vater, Mutter, Kind, war ihm vor
Langem Leben höchster Wunsch
Und wahres Ziel gewesen und erreicht.
Doch dieses Dreigestirn verblasste
Schnell und dauerhaft.

An seinem Himmel waren neue
Sonnen aufgegangen:
Firma, Außendienste und als hellste,
Die Geliebte.
Wenn es unbedingt geschehen musste,
Und selbst die Geliebte es nicht zu verhindern wusste,
Fiel trotzdem so mancher Tag zurück in alte Rollen.
Er war dann der Mann im Haus
Und kannte sich dort kaum noch aus.
Die Tochter war im Studium

Und konnte sich für nichts entscheiden,
Aber sich inzwischen einiges erklären,
Das sie sehr empörte.

Seine Frau verstand ihn aber irgendwie.
Sie sah, wie schwer er sich bemühte, leider um die
Falschen Dinge und ergriff, mit ihrer
Tochter eng im Bund, die Zügel, um das
Steuerrad herum zu reißen.

Sie erfand mit seinem besten Freund, dem Hausarzt
Einen kleinen aber ungesunden
Freundschaftsdienst.

Damit ihr Mann zurück in seine Heimat fände,
Sollte der ihm Karzinom der Lunge
Diagnostizieren, weil er sowieso an Hustenreizen litt,
Und dass er nicht mehr lang zu leben hätte.
Das bescheinigte er ihm tatsächlich,
Zeigte Bilder, gleich mit intensiven
Mahnungen verknüpft.

Der Schock saß tief und ließ ihn plötzlich
Häuslich werden und sein Leben, wie er es denn
Führte, überdenken.

Die Familie wahrte ihr Geheimnis, bis der
Arzt, in Angst um seine Freundschaft,
Lug und Trug gestand.

Er konnte das nicht fassen und
Bestand auf einen zweiten, anderen
Bescheid und glaubte, dass man ihn
Nur schonen wollte.

So erhielt er aus dem Krankenhaus die neue
Diagnose, die war, wie von ihm befürchtet
Und so schrecklich wahr.
Davon erzählte er Zuhause nichts

Und nahm sich jetzt ein Zimmer
Ohne der Familie die Adresse mitzuteilen.

Die Geliebte war auf seiner Seite und
Schwieg ebenfalls, zerrissen zwischen
Wut und Panik.
Frau und Tochter blieben ihm zwar nah,
Doch wollte er von ihnen und dem
Arzt nichts wissen.

Er entschied sich, letzte Tage seines
Daseins, als die eines Unsinns,
Dem nicht zu entgehen war, in
Losgelöstheit zu verbringen,
Sämtliche Verpflichtungen, die
Körperlichen Hürden und die
Medizin zu ignorieren und stattdessen
Auf gut Glück zu leben.

Nur den wenigen Studenten, die bei seinem
Umzug mitgeholfen hatten, schenkte er Vertrauen
Und gab gutes Geld,
Besorgte ihnen alle Unterlagen und die
Vollmacht seine Asche anonym in einem
Friedwald beizusetzen.
Der erlaubte einen kleinen Hinweis,
Ohne Namen, ohne Jahreszahlen, sonst
Wie er es wollte.
Darauf sollte der Besucher einzig lesen können:
„Viel der Sehnsucht, wenig Liebe".

Eine feine Ungewissheit

Ich bin Eismeerhai und lebe in
Sehr großer Tiefe, dort wo
Finsternis, so hörte ich,
Selbst Licht verschlucken soll.
Doch davon weiß ich nichts,
Ich bin fast blind, und wo ich lebe
Würde Sehen nichts bedeuten,
Auch die Wesen, die im Eigenlicht erscheinen,
Täuschen dies nur vor.
In Wahrheit sind es schwache
Wellen, die sie senden, und die mir den
Weg zu ihnen weisen, dass ich sie zur leichten
Nahrung wähle, denn ich
Jage nie wie andere.
Sie ändern ihre Lage kaum,
Bewegen sich in einem Stillstand,
Den ich nur durch noch mehr
Langsamkeit und Ruhe, hohen Spürsinn,
Überlisten kann.
Ich sammle und fang auf was niederfällt.

Gerüche, die sich um mich legen,
Schützen mich vor kleinsten Tieren,
Saugnapfrunden Egeln,
Die in ihrer Vielzahl töten könnten,
Würde ich mich aus der Wolke schälen.

Sonst leb ich allein und spüre nichts von
Einem Eisgebirge über mir,
Das manchmal bis in bodenlosen Abgrund taucht.
Ich komme kaum voran und
Werde über lange Zeit bewegungslos zu einem
Teil des Grundes,
Warte dort auf eine Neuerung,
Die ich nicht kenne und mir sonst auch nicht
Beschreiben könnte, wenn es nicht die
Hoffnung auf Begegnung und Gelegenheit,

Auf eine Gleichgesinnte in der Dunkelheit zu stoßen,
Gäbe.

So hält mich zu andrer Zeit
Ein fremder und doch wohlbekannter
Eigenartgeschmack in Schwebe und
Erzwingt den Antrieb, der mich eine ganz bestimmte
Richtung treiben lässt.

An meiner Haut befinden sich sensible Felder,
Die beschützen mich vor
Unachtsamkeit und bereichern mich zugleich.
Durch sie erahne ich die
Suche nach dem Wohlbekannten,
Wohlvertrauten, das ich scheue und mir doch
Ersehne.

Neugier treibt mich immer tiefer,
Dorthin wo die Flüssigkeit zu Gegenständlichem
Und kaum noch zu Durchdringendem
Zu werden scheint,
Und damit langsamste Eroberung begünstigt,
Einzige Voraussetzung in einem
Liebesspiel, das beiden das
Entkommenmüssen zum verspielten
Bleibenwollen wandelt.

Dieses oberste Erreichen meines
Lebenszieles lockt mich sehr.

Auch eine feine Ungewissheit
Treibt in wunderbarem
Wohlgeruch zu mir, ob ich sie finden,
Auf sie treffen werde, ob wir in Gemeinsamkeit,
In Stillstand und in Langsamkeit,
Das uns Bekannte und Vertraute,
Gegen Neues, Unbekanntes
Tauschen werden?

Gegenglück

Er machte sich an diesem Abend spät auf seinen
Weg nach Hause.
Viel in seinem Leben war nicht
Wunschgemäß.
Er wäre gerne Arzt geworden oder Lehrer und
Begnügte sich stattdessen damit, nun in seiner
Firma Handbuch Nummer drei neu zu verlegen.
Das erleichterte den Arbeitern im Ausland
Komplizierte und einmalige Zusammenhänge.
Er vermisste manchmal so ein Handbuch für sein
Eignes Leben.
Immer schlummerte in ihm ein Mangel, den er selber
Nicht benennen und beheben konnte.

Heute fuhr er nicht mit seinem Wagen, brauchte
Zeit für sich.
Vielleicht würd er an einem Imbiss etwas zu sich nehmen,
Dachte kurz an sein Zuhause, seine Frau und
An die Kinder, das erschien ihm fast als
Werbespot, der grad gesehen, schon vorüber war.
Und war doch nicht vorbei,
Kam jeden Tag erneut, war ohne Unterschied zu
Gestern Abend oder dem vor fünf, sechs Tagen,
Wochen oder Monaten.

Er suchte, um sich zu erleichtern, in dem
Kaufhaus die Toiletten auf, die waren sauber,
Und um diese Zeit wär er alleine dort.
Das war ihm wichtig.
Andre Männer an der langen Reihe
Weißer Stände hinderten ihn sein Bedürfnis zu entrichten
Ohne ihm den Zwang zu nehmen.

Es stand niemand vor den Becken.
Doch schon bei dem Eintritt fiel sein
Blick auf eine Frau, die hier mit
Abgesenktem Blick für Sauberkeit und

Ordnung sorgte, dann jedoch mit einem
Augenaufschlag nach ihm sah.
Ihr Blick verwirrte ihn, und er vergaß sofort
Die Absicht seines Eintritts.
Es kam neue Kundschaft und
Sie waren so nicht mehr allein, doch
Keiner nahm Notiz von ihnen.

Er entschloss sich und ging langsam auf sie zu.
Dann sagte er, fast scheu und wie entschuldigend:
„Darf ich Sie etwas fragen?"
Dabei dachte er, vielleicht versteht sie meine
Sprache nicht und bangte für den
Bruchteil eines Augenblicks.
Doch ihre Stimme öffnete ihm neue
Himmel als sie sagte:
„Bitte".
Er, und immer noch verlegen, sagte:
„Falls Sie es erlauben, würde ich Sie
Gerne und auch nur auf eine Tasse
Kaffee oder Tee, aus dieser Räumlichkeit
Entführen wollen,
Es ist mir ein großer Wunsch".
Sie sagte leise und mit einer Stimme, die die
Glöckchen seines Himmels läuten ließen:
„Dafür brauch ich etwas Zeit.
Ich komme gerne, und wir treffen uns gleich
Vor dem Eingang, ich will nur schnell
Duschen".
Ihm entschlüpfte:
„Ich werd draußen auf Sie warten,
Danke".

In dem Restaurant mit Speisekarte und
Sehr freundlicher Bedienung wurden sie sich
Aber einig, lieber einen
Kiosk um die Ecke, wo sich Leute drängten,
Aufzusuchen.

Auf dem Weg dorthin verschmiegte sie sich fest in
Seinen Arm als wäre sie bei ihm Zuhause,
Und ihm schlug das Herz im Hals
Wie damals vor so langer Zeit,
Bei seiner ersten, unerfüllten Jugendliebe.
All die Jahre hatte er daran gedacht und
Hätte nie geglaubt, das gleiche noch einmal
Zu finden,
Die Erinnerung und deren
Gegenwärtigkeit dagegen schien ihn nun direkt
Und ohne Umkehr in die Arme
Dieser Frau geführt zu haben.

Solches Glück war unermesslich
Und ein Gegenglück zu dem, was ihm bisher
Beschieden war.
Das wuchs in ihm,
Das wollte er für alle Zeit zum
Blühen bringen.

Er las Voltaire

Er las Voltaire und den
Verhängnisvollen Satz:
„Die Welt in der wir leben,
Ist die beste, die es gibt".

Das zu verstehen fiel ihm anfangs leicht,
Denn seine Frau war ganz im Gegenteil zu ihm
Sehr reich.

Er hatte sich in sie verliebt, geheiratet,
Und ihren jugendlichen Sohn, so gut es ging,
Als Treibgut, dem er gerne sein Vertrauen schenkte,
In die Ehe einbezogen.
Seine Frau jedoch bewies ihm schon im zweiten Jahr,
Wie sie, von Herrschsucht gradezu besessen,

Ihn zuerst in aufgestautem Zorn und später schon
Bei Kleinigkeiten schlug.
Er aber lebte in dem Satz des Philosophen,
Dachte über einen Ausweg niemals richtig
Nach.

Als dann ihr Sohn an ihm die blauen
Flecken sah und sich
Zusammenhänge zu erklären suchte,
Schwor er seinem Gott, dem Philosophen,
Endlich ab.
Er glaubte nun an eine bessre Welt
Und dass die Frau sich ändern könnte,
Wenn er sie in ihrem Firmenstress
Zuhause mit ein wenig mehr
Verständnis und Geduld und Umsicht in der
Haushaltführung unterstützen würde.

Er verteidigte sich vor sich selbst,
Und ihrem Sohn schwor er, dass es ein
Unfall an der Haustür, auf der Treppe war,
Dass er gestolpert sei und gegen eine
Tür gelaufen wäre.
Das ging lange gut, weil er auch keinen
Ausweg fand und neuerdings,
Nur und zusammen mit dem Sohn,
Der einen neuen Vater in ihm wollte,
Beider Leben überleben sehen wollte;
Und zugleich erkannte er, dass dieses
Liebenswerte Treibgut sich in seinen
Rettungsring verwandelte,
Und noch etwas geschah,
Denn er verstand, dass immer nur die
Welt, in der man lebt, die beste war
Und nicht die beste die, in der man
Grade lebte.

Er war fest entschlossen, auszubrechen und ging
Mit dem Jungen in den Bäckerladen,

Wo sie reichlich
Frühstück zu sich nahmen, und er dann gestärkt
Von einem Arzt die Folgen häuslicher Gewalt sich
Attestieren ließ.

Zuhause schwor die Frau nun endlich
Besserung und so etwas würd sich nie
Wiederholen.
Doch sie herrschte ihren Sohn in alter Weise an:
„Du bleibst bei mir, du bist mein Kind
Und ich bestimme über dich".
Der aber blieb in seinem Willen fest
Und wollte seinem Vater Hilfe geben, die ihm
Selbst in all den Jahren nicht zuteil geworden war.

Er dachte oft noch über Philosophen nach
Und deren Doppelzüngigkeit.
Und seiner Frau, die er zusammen mit dem Sohn
Verlassen hatte,
Wünschte er Erwachen wie es ihm
Geschehen war.

Bigamie

Er las die Mahnung eines
Marcel Proust.
In dessen Werk vertiefte er sich während tagelanger
Überfahrten seines Schiffes von den
Küsten Deutschlands zu den
Inseln Schottlands und zurück.
Die Touren waren immer gleich.
Er las ihn nun zum zweiten Mal.
Der Autor schrieb in langen
Schachtelsätzen, Ausführungen und
Verästelungen, die sich selbst anschickten,
Eigenständige Erzählungen zu werden.

Der Band sechs war überschrieben,
Sodom und Gomorra.
Dabei fiel ihm ein brillanter Satz ins Auge,
Der in seiner Kürze und der Klarheit,
Unvermutet als ein Blitz vom
Stein der Krone eines Königs,
Eines Würdevollen unter den Missratenen,
Nur ihn betraf, ihn ganz persönlich:
„Achte darauf, dass dein Herz nicht kalt wird".

Heimlich lebte er in Bigamie und war
Geschickt darin.
In beiden Heimathäfen traf er seine Frau.
Er liebte sie aufrichtig,
Sprachprobleme gab es für ihn nicht.
Das Geld war reichlich für die zwei
Familien, denn er war auch Vater
Dies- und jenseits der oft stürmischen
Gewässer.
Was hier teuer war, kam auf der andren
Seite sündhaft billig, und, was er verdiente,
Hüllte er in Schweigen.
Das ging viele Jahre gut.
Das Schiff schien sein Zuhause,
Nur das eine und das andre Mal wär er am liebsten
Und für alle Zeit in einem Land bei seiner
Frau geblieben und empfand sein neues Fortgehn
Dann als eine Art Bestrafung.
Seine erste Frau warb anfangs mit Verstehen und riet
Unumgängliches doch anzunehmen.

Unerwartet überraschte ihn ein
Angebot der Reederei, als drittes Land zusätzlich
England anzulaufen.
Das gäb größeren Verdienst.
Es sollte jedoch niemand sich zu schnell
Entscheiden oder gar gezwungen fühlen.

Diese Möglichkeit eröffnete ihm neue
Dimensionen, und er hätte ganz auf sein
Geschick vertraut, wenn nicht seit dieser Mahnung
Angst dazugekommen wäre,
Angst ums eigne Glück.
So wollte er nicht selbst entscheiden
Sondern seinen beiden Frauen jeweils die
Entscheidung überlassen.
Damals wurde mit dem Ratschlag seiner ersten
Frau bei ihm auch die Idee zur Bigamie
Geboren.

Die Gefahr, dass eine ihm dazu,
Die andere dagegen raten würde,
War sehr groß.
Und was wär dann?
Und alles zu belassen wie es war?

Natürlich waren beide Frauen, unabhängig
Voneinander, gegen jede Änderung,
Egal auf welche Weise.
Das betonten sie und sagten jede fast im Scherz:
„Das kannst du schriftlich von mir haben,
Wenn es sein muss".
Das gefiel ihm sehr und unter einem
Vorwand, dass die Reederei auch etwas in den
Händen halten müsse,
Gab ihm jede schriftlich, dass sie
An dem Lebensumstand ihres Mannes
Nichts verändert sehen möchte,
Dass sie darum bittet,
Alles sollte bleiben wie es ist und war.

Die Briefe nahm er mit an Bord
Und hing sie, unter Glas gerahmt,
Im Raum etwas versteckt an die Kabinenwand.

Dort wollte er in Abgeschiedenheit und
Freude über so viel Liebesglück,

Doch auch in Selbstzufriedenheit
Sie immer wieder lesen.
Trotzdem öffnete sich ihm nicht mehr die
Tür in diesem Wartesaal, die in ein warmes
Zimmer führte.

Deines Gärtners Kunst

Sie sah im Innenhof dem Gärtner bei der
Arbeit zu.
Es schien, dass sein Gesicht sich hinter einem
Atemschutz verbarg,
Der stellte sich sehr schnell als
Bart heraus, der Mund und Wangen überwucherte.
Von einer Leiter aus schnitt er die langen
Äste vieler knospenreicher Bäume
Unter heller, warmer Frühlingssonne.
Mochte sein, dass sie dadurch geblendet war.

Schon als sie ihn entdeckte, wurde ihr die
Leiter zur Umarmung,
Und sie lehnte sich daran.
Es war ein eigenartiges Empfinden.
Unter weiße Haut in Blut getaucht,
Ließ es die Wangen spüren.
Ja, es stach so deutlich,
Dass sie es beschreiben könnte,
Ihre Lippen aber überzogen sich
Sekundenlang mit Trockenheit und Kälte.

Er bemerkte sie sofort und stieg
Herab mit einer Frage, die er stellen wollte,
Sie kam ihm zuvor:
„Beschneidest du die schönen Bäume,
Die sind nur noch Stunden vor der
Blüte, das versteh ich nicht, das ist so schlimm",
Und sie verstand, ihr Traum vom Blühen wurde jäh

Zerbissen und fand dafür keine Worte,
Dachte einen Augenblick an Weinen.
Aber würde sie die Tränen überhaupt als
Schmerz um den Verlust der Blüten
Oder um den Mann, der ihr so nahe war,
Verstehen, oder gar als Selbstmitleid,
Weil sie in einer Trauerfalle steckte?

Wortlos bückte sich der Mann mit einem Seitenblick zu ihr.
Vom Boden nahm er einen Zweig mit ersten
Rosaroten Blütenrändern.
Die zerrissen, schon im Aufbruch, ihre grüne
Knospenwand.

Sie schluchzte einmal auf.
Das tat so gut.
Dann nahm sie seinen kleinen Ast
Und schloss im Puppenschlaf die Augen.
Das blieb ihm verborgen
Als er zu ihr sagte:
„Jeden dieser Bäume wird mein
Können hoch erfreuen und ihn tausendfach
Erblühen lassen.
Dabei wünsch ich mir, dass du den einen kleinen
Ast in eine Vase stellst und an mich denkst, wenn er
Bei dir in Rosarot und Gelb erwacht.
Das kann schon heute Abend oder
Morgen in der Frühe sein.
Ich wäre gern dabei".

Sie blinzelte ins Sonnenlicht und
Sah darin die violetten, blauen, grünen
Blitze und dazwischen kleinste schwarze Punkte,
Die sich nicht erhaschen ließen,
Blickte sich dann nach dem
Redner um, weil sie ihm eine
Antwort geben wollte.

Aber der, die langen Leitern, die Geräte,
Die er bei sich hatte, waren fort,
Als hätte es das alles nie gegeben.
Nur die endlos vielen, gleichen Blütenbäume
Ließen ihre langen Äste sich in einem
Windhauch heben und dann wieder senken.

Spät am Abend erst sah sie den Gärtner wieder.
Der kam aus der Ferne auf sie zu.
Bei jedem Schritt im Näherkommen
Zündeten die Bäume lichterloh als
Blütenfackeln gelb und rot, und Flammen,
Die bis in die Kronen schossen,
Mischten sich im Licht des Sonnenuntergangs.
Es schien ihr alles nur für sie zu sein.

Er stand jetzt dicht vor ihr
Und bat um ihre Hand:
„Ich will mit dir in deiner Vase
Nach dem Ast der Blüten schauen,
Dir die schöne Last des Zweiges,
Wenn du es erlaubst,
Durch deines Gärtners Kunst
In leichtes, süßes Flügelschlagen
Wandeln".

Der Himmel kam zu mir

Wir kannten uns erst ein paar Wochen.

In mir völlig fremder Sprache,
Sang sie gerne Lieder in der Freizeit,
Ganz vielleicht, mir zu gefallen, denn sie
Sprach sonst meine Sprache.
Dabei züngelten auf ihrer Stirn die
Kleinsten Fältchen als ein Feuer, das mir
Bilder von Verlassenheit und

Sehnsucht nach Geborgenheit und Obhut zu
Beschreiben schien.
Ich hörte zu,
Und manchmal drängte sich mein eigner Text hinein,
Der hätte passen können,
Doch ich wusste nichts von ihrem Land
Und hätte mich auch nicht
Auf Filme und Erzählungen berufen können.

Ihre Melodien enthielten viele halbe Töne,
Schluchzten oft in schnellem
Rhythmus, dass mich eine Traurigkeit
Erfasste, grade und nur so, dass sich ein
Seufzer über meine Lippen hätte stehlen können,
Doch verhaspelte sich der sofort in
Dünnen Gräsern meines:
„Nein, das kann nicht sein, sie wirbt um mich"!

Sobald wir miteinander sprachen, kam sie mir
Sehr nah und doch nicht näher.
Meine Scheu vor ihr war groß.
Ich würde niemals Gärten andrer
Unerlaubt betreten.

Wenn sie sang, sang auch ihr Körper mit.
Die Hände wurden schlangengleich zu Fängerinnen.
Ihre Fingerspitzen huschten
Ausgestreckt und weit vom Körper als
Gespaltne Zungen vor und rollten dabei immer wieder
In die Mulden ihrer Hände.
Ihre Hüften konnten sich im Gleichklang
Schnell und sehr, sehr langsam
Heben, senken, die Bewegung in den
Oberkörper fließen lassen.

Ihre schwarzen, hochgesteckten Haare hielt ein
Rot und grün lackierte Kamm, vielleicht ein
Schnitzwerk, so zusammen, dass doch etliche
In Lockenform entwichen, auf die

Schultern rollten und den Schlangentanz ergänzten.
Auf dem schlanken Hals verschob sie ihren Kopf
Sekundenlang in Anmut,
Ohne ihn zu neigen, hin und her.

An einem dieser Tage machte ihre beste Freundin
Unverhofft Besuch und zog sich gleich,
Als sie uns sah, ein weißes Tuch im Schleier
Über Lippen und die Nase,
Senkte ihren Blick in Scham und
Drehte sich zurück zur Eingangstür.
Mit einer Geste ihres linken Arms, den sie
In Richtung ihrer Freundin streckte,
Winkte sie der zu, das Singen und das Tanzen zu
Beenden, hauchte dann ein Wort der Abwehr:
„Nein" und noch einmal.
Das war in allen Sprachen zu verstehen.

Sie jedoch kam nun direkt auf mich
Und öffnete ihr langes Kleid.
Sie schenkte mir den Blick
Auf ihre ganze Freiheit.
Die hätt ich mir gerne selbst erobert,
Doch verschleierte sie sie sehr langsam wieder hinter
Einem Hauch Batist des Unterkleides.
Eng an ihr, fing es die Augen, zu Verführen, ein.

Sie stützte sich auf meinen Unterarm,
Hob ihr Gesicht und gab mir einen Kuss,
Der füllte meinen Mund
Und sank tief in die Brust.

Was für ein köstliches Geschenk.
Sie trug mir ihre Liebe an.
Der Himmel kam zu mir,
Nicht umgekehrt, dass mich ihr
„Ja"
Den Himmel hätte finden lassen sollen.

Tor der Welt

Eigentlich wollt ich nie wieder davon
Sprechen, dass das Brot sich auf dem
Dreieck deiner Schenkel besser aß
Als deine Liebe, die, ein Nimmersatt,
Der Hagerkeit die Wangen
Küsste.

Du lagst dabei ausgestreckt auf
Tagessterneübersäter Wiese,
Die du pausenlos bereutest.
Trotzdem grünte sie in einem fort.

Im Speisen lernte ich noch ihre
Gänseblümchen mit den Zehen zu
Ergreifen und zu pflücken.

Jeden Stängel dieser weißen
Küsse ritzte ich mit meinen Fingernägeln,
Sie dann, gegenseitig dort hinein gefädelt,
Mir im Kranz ums
Tor der Welt
Zu legen.

Lebensretter

Lebensretter retten immer nur die eine
Seite, die sie packen und erfassen können.

Er, ein vaterloser Jugendlicher, war fast wie verliebt in seine
Mutter, die ihn darin unterstützte, und sie machte
Keinen Hehl aus ihrer Gegenliebe.
Als er älter wurde, wuchs nicht nur die Liebe aus zu Liebe,
Sondern Hass und Abscheu, die sich eingeschlichen hatten,
Wuchsen mit.
Er wollte und er konnte sich ihr nicht entziehen,

Fühlte sich als ihr Beschützer, nur vor was,
Sah einzig sich als die Gefahr, die drohte.
Stets war sie um ihn besorgt und immer
Aufmerksam und freundlich,
Statt der Mutterliebe sollte in ihm Frauenliebe zu ihr reifen,
Ihre Weiblichkeit ihn dabei leiten.
Das tat ihr so gut.

Sie sah sich dennoch auch als Opfer,
Weil sie irgendwie auf irgendwas verzichtete.
Im Bad, bei ihrer Körperpflege, bat sie ihn zunächst um
Kleinigkeiten, dass er ihr ein Handtuch reichte,
Später wusch er ihr den Rücken, und sie führte seine
Freie Hand, die festen Halt versprach, an
Wohlgeformte, weiche Stellen ihres Körpers.
Das tat ihm so gut.

Er konnte sich trotzdem nicht mehr
Ertragen und las in gewagten Büchern nach,
Wie man sein eignes Leben enden lassen könnte
Und entschied.
Er machte aber alles falsch.
Der Pfeiler, gegen den er mit dem Wagen raste,
War die Schranke einer
Einfahrt, die ihn fast erdolchte.
Erste Helfer und viel Medizin mit ihrer Technik
Konnten ihn zwar retten, doch den
Rollstuhl würde er nie mehr verlassen.
Noch im Krankenhaus gestand ihm seine
Mutter unter Tränen, dass sein
Vater sie in zweiter Ehe früh verlassen hätte,
Und er sei in Wahrheit Sohn von dessen
Erster Frau, und sie beteuerte, dass sie ihn wirklich liebe.
Das jedoch wurd ihm zum wahren Dolch;
Der traf ihn aus dem Hinterhalt und saß von nun an fest
In seinem Rücken.

Vogelweibchen

Du quältest dich, und letzten Endes
War es doch umsonst.

Du siehst gewissenhaft und langsam in den
Spiegel, und was von dir ist.

Du fragst die Wand dahinter,
So verwirrt bist du.
Du siehst jedoch, wie sich die
Reflexionsschicht, die dein Bild ermöglicht,
Auflöst und mit dir zu Boden sinkt.

Du denkst sekundenlang an jenes
Märchen von der schönen Königin
Und ihrer Tochter, die stets schöner ist als sie.
Doch noch wächst deine Schönheit,
Wird mit tausend Worten aufgewogen.

Trotzdem, wenn du ganz alleine bist mit dir
Und ohne deine ewig dumme
Gegenwart, die sich in teure Kleider hüllt,
Hebst du mit beiden Händen deine
Brüste an, bist dir so schrecklich
Selbstverliebt, dass du den Leib an seinen
Spitzen Enden küssen musst.
Das bringt dir aber keine Lust,
Auch der Gedanke nicht,
Du hättst dich besser dafür hingegeben.

Allzu gerne würdest du der Welt verraten
Wie man dich um dich betrügt.
Es ginge anders besser, leichter und gerechter,
Wenn es einer hören könnte;
Und so lügst du weiter in dein
Spiegelbild und summst ein
Kinderlied, das fällt dir grade ein.
Es singt von einer Unschuld, die im Hochverrat

Durch falsche Rufer und durch
Nachtlaternen an dem andren Ufer, unterging.

Dann schaust du wieder in den unscheinbaren
Boten, der dich nicht berühren kann.
Und nähmst du ihn zu dir, ja, fräßest du ihn auf,
Er bliebe nur das Teil von dir, das du ihm gönnst.

Dann tritt ein Mann, den deine
Stimme rührte, in das Zimmer
Und kommt grade recht.
Er steht an deiner Seite und wie du im gläsernen
Gewand.
Ihr könntet nichts von euch und nichts
Vor euch verbergen, und die weißen
Federn, die ihm überall am
Nackten Körper wachsen,
Würdest du ihm lassen, alles dafür tun,
Dass er sich ungeschoren aus dir tränke,
Seine Körner aus den Mulden hole,
Die du sonst verstecktest,
Wenn er dich nur für sein
Vogelweibchen hielte.

Deine Käfigtür steht dabei weit, weit
Offen.

Polygame Schlinggewächse

Für die beiden Schwestern, die sich liebten und vertrauten,
Sich um knapp ein Jahr im Alter unterschieden,
Stand schon früh in ihrer Kindheit fest,
Dass sie nur einen Mann,
Sie beide einen und denselben Mann
Gemeinsam haben wollten.
Dafür würden sie auf einiges verzichten,
Heirat und den Kindesvater nennen, falls es

Kinder gäbe, oder ihn benennen, wenn es denn sein
Wille wäre.

Er, den sie sich schließlich auserkoren hatten,
War noch etwas größer als die beiden, die ganz
Schlank und hochgewachsen, andre überragten
Und sich sonst in dem, was sie für richtig hielten,
Äußerst einig und im Aussehn, der Gestalt,
Sehr ähnlich waren.
Beide konnten mit den blonden Haaren,
Streng zurück gekämmt und
Dann, als Lockenpracht in Blütenschalen
Sich im Nacken öffnend,
Unter Sonnenlächeln andere mit sich beschenken.

Er war stolz, weil er die beiden
Gradezu mit Leichtigkeit für sich gewann,
Es nahm ihm fast den Atem, den Verstand.
Die Schönen sahen ihn mit
Herzen in den Augen an und scheuten sich
In keiner Weise ihre Liebe gegenseitig
Und ihm zu gestehen.
Anfangs lagen alle drei des Nachts zusammen,
Dann entschieden seine Frauen eine
Trennung, die sie oft nicht ordneten, weil
Eine erst nur eine Nacht und später auch die nächste
Nah an seiner Seite liegen wollte,
Und die andere sich freundlich danach richtete.

Er fragte dann nicht viel und dachte,
Warum nicht.

Sie lebten in dem großen Haus, das beide Frauen,
Um dem Ziel der Wünsche nah zu kommen,
Sich ersparten und erbauen ließen.
Jede wurde zweimal Mutter, und er glaubte an die
Liebe, die ihn oft erfüllte, und an die Gedanken,
Die ihn nach der Wirklichkeit in seiner Liebe fragen ließen.
Dafür fand er seinen Freiraum durch die

Forschungsarbeit vor den weit entfernten
Inseln tief im Südpazifik.
Dort erweckten Polygame Schlinggewächse, deren
Art zuvor noch nie beschrieben wurde, sein Intresse.
Ihr Erscheinen und so plötzlich,
Übersprang die Regeln jeglichen Verstehens.

Hier, bei seiner Arbeit suchte er Erholung
Und den Abstand, den er brauchte.
Seine eigentliche Frage aber, wer vielleicht
Erfahre Unrecht und von wem in seinem Leben,
Beide Schwestern, weil er glaubte sie zu lieben,
Oder er, weil sie ihn sich zum Treffer machten,
Blieb ihm ohne Antwort und ein Rätsel.
Der Verdacht jedoch, dass einerseits ihn
Eine unbewusste Neigung
Ungewollt zu ihrer Marionette machte,
Und die Frauen stark erregte,
Und dass, Machenschaften andrerseits und
Egoismus im Komplott, das Werk, ein Kunstwerk,
Dieser beiden sei,
Ließ ihn nicht los.

Im Forscherdrang geriet er aus
Notwendigkeit bei einem großen Fest zu nahe
An die Tochter eines Stammesfürsten.
Jetzt erfuhr er erstmals jenes Wohlgefühl des Mannes,
Den die Liebe plötzlich streift.
Er sonnte sich darin.
Es wurde später Abend und man hatte das
Geschehen rundherum bemerkt.
Die junge Frau ließ sich, weil es so unumstößlich
Brauchtum war, mit einer Demutsgeste vor den Ältesten,
Zu seiner Frau erklären;
Und in deren Tradition war es nur gut,
Dass er auch anderswo gebunden war.
Das sprach für ihn.
So ließ sie über ihren Vater sagen,
Dass sie ihm in allem folgen wollte und die

Beiden jüngeren der Schwestern auch.
Sie zogen alle vier ins Haus der Braut.
Hier nahmen sich die Schwestern rücksichtsvoll und
Frauensanft gemeinsam ihres Gatten an.

Er träumte einen Augenblick von großer
Liebe zu nur einer Frau.
Doch der Gedanke war schnell auf der
Flucht vor dem, den Anfang einer neuen
Welt auf solche Weise zu verpassen.

Undine

Er radierte schon ein Leben lang die
Liste seiner Liebe.
Dort vermerkte er nur die, die keine
Ware brachten.
Übergroß und überschwer war seine Körperfülle,
So behäbig, dass er seine
Kleidung machen lassen musste.

Eine andre Liste gab es nicht, und dieser
Liste nahm er ihre letzen Namen.
Alle machte er zu abgestorbenem
Gestrüpp, das einem Feuer armer
Sammler überlassen bleiben sollte.
Seine Sehnsucht, eines Tages anzukommen,
Lag begraben neben seiner
Einsicht, für die eigne Unvollkommenheit
Gezeichnet und verantwortlich zu sein.

Er war sehr reich und hatte nie die
Qualen des Erreichens eines eigenen
Erfolges spüren sollen.
Sein „lieb Mütterlein",
Bescherte ihm den Wohlstand,
Auch wie er zu nutzen sei

Und auch mit wem, das hieß für sie mit
Niemandem.

Er setzte sich, als sie verstorben war, im
Krankenhaus auf eine Bank im Flur,
Gleich neben eine junge Frau, die saß aus
Blei gegossen, ohne Regung.
Ihre Haare fielen schulterlang in goldnen
Ähren, die die Zugluft dieses Ganges
Als ein Teil des Feldes aus Getreide, sich in
Leichten, langen Wellen hin und her
Bewegen ließ.

Dann wandte sie den Kopf mit großer
Kraftanstrengung sehr, sehr langsam zu ihm hin
Und sagte, zu bedächtig für sein Ohr:
„Ich bin Undine",
Dabei sprach ihr Mund mit
Flügeln eines Schmetterlings, der auf der
Blüte ruht, den Nektar saugt und zwischen
Ein, zwei schnellen Flügelschlägen in
Verzögerung verfällt, im Stillstand wartet.

Er sah ihren Mund,
So feucht, so lieb, so nah und ihre
Wangen rosig, Kirchenfensterglas vor Abendsonne.

Sie behielt die Ruhe der Bewegung bei
Und drehte ihren Kopf zurück.
Als redete sie zu den Knien,
Entschlüpfte ihr:
„Wir können nichts mehr tun,
Wir sitzen beide vor den Sterbezimmern".
Dann, als fiele ihr noch etwas ein:
„Wenn ich mich schnell bewege oder zu schnell rede,
Überschlagen sich bei mir der Wille und die
Unbewusste Steuerung.
Ich bin nicht krank, so wie man krank ist,
Was ich brauche ist ein starker Stamm,

Der sich und mich in seinen
Zweigen wohnen lässt".

Sie war sehr gut gekleidet,
Darin kannte er sich aus.

Sie schälte sich noch einmal aus der
Bleifigur, und wollte sich erheben.
Da erkannte er den Kurzschluss zwischen ihrer
Absicht und der körperlichen Möglichkeit,
Und fing sie auf.
Sein ungeübter Griff jedoch ließ sie im
Schmerz sich wieder niedersetzen.
Ihr Gesicht verriet ihm nichts, doch
Er war über sich entsetzt.

Er zog sie nun, an sich gestützt, mit
Vorsicht und ganz leichter Hand, und so
Behutsam wie es ging,
An seine übergroße Brust.
Er sagte leise in ihr Ohr:
„Wir gehen jetzt gemächlich, Hand in Hand,
Aus diesem Haus.
Das ist, so glaube ich, der schnellste Weg
Und auch der sicherste,
Und nichts wird uns mehr halten".

Suche nach versagtem Liebesleben

Ohne Absicht hörte ich, wie andere
Von einem Garten als von einem
Wundergarten sprachen, dessen
Bäume, Pflanzen, Blätter
Schattenspiele schufen,
Die durch Winde angeregt,
Ein Eigenleben führen konnten.
Menschen, die in ihm spazieren gingen,
Ahnten, rochen und erfuhren manchmal, wie sie
Teil von einer Handlung wurden, die nicht zu
Begründen und nicht zu erklären war.

Der Garten reizte, ihn an warmen, lauen Tagen,
Nicht nur in den Abendstunden, zu begehen.
Dann war aber trotz der vielen Menschen keiner zu
Erblicken, ausgenommen der und die,
Die man zu sehen wünschte, und
Natürlich fand sich jeder selbst.

An einem solcher Abende entdeckte ich nicht nur den
Garten sondern darin dich.
Ich sah dich unter den Gesichtern blasser Frauen segeln.
Ihre Lichtgestalten, angehellt von
Mondschein und der fernen Stadtbeleuchtung,
Beugten sich fast zum Berühren bis zu dir herab.

Tief unter hohen Bäumen, deren Kronen
Abendwolken über Blätterschatten auf dem
Boden ziehen ließen,
Stilles Wasserkräuseln auf der Oberfläche,
Fuhrst du deinen Kahn mit Ruderblättern und
Bewachtest über dir die Frauenbildnisse.
Sie schienen zwar vertraut,
Doch trauen durftest du den Bildern nicht,
Denn bald schon traf dich starker
Wind von ihnen,
Ließ das Boot beinahe kentern.

Du triebst ganz alleine auf dem Wasser,
Niemand hätte helfen können.

So erfuhrst du, als sie dich im Sturm erfassten,
Ihren Willen dir zum Herrn zu zwingen,
Unterwarfen sich jedoch dafür sogleich
Mit schleiervoll verhängten Blicken jeglichem
Verlangen, das du für sie hegen solltest.

Abendstille strömten sie nun aus.

Sie machten scheinbar sich dir zum Geschenk,
Doch müsstest du von nun an dich
In allem in sie teilen.

Da entschiedst du dich für Flucht in
Schatten schwerer, süßlich, duftender Gewächse,
Die das Ufer endlos säumten,
Und als Anfang einer Dunkelheit in unbestimmter
Ferne mit der Nacht verschmolzen.

Ich nahm letzte Tropfen einer faden
Silberfährte auf dem Wasser wahr, dann löschte
Finsternis die Spur,
Und du verschwandst mir aus den Augen.

Einzig wusste ich, dass du alleine lebtest.

Einmal traf ich noch auf Segel
Irgendeiner Nachtfahrt unter den
Gesichtern blasser Frauen.
Deren fahles Leuchten irrte hin und her,
Vielleicht in neuer
Suche nach versagtem
Liebesleben.

Von Liebe wurde nie gesprochen

Die Geschichte eurer Liebe scheint so
Intressant, dass ich sie von euch hören möchte.
Alle Welt spricht über sie.
Man weiß, dass ihr vor etwa zwanzig
Jahren zueinander fandet.
War das Zufall oder Schicksal?

Ich bin Journalistin und besuchte sie,
Die mit der Tochter, sonst allein, auf ihrer
Südseeinsel leben.
Er stieg aus, mit sehr viel Geld, und sie
Kam an, mit nichts.
Sie suchten etwas,
Das sie nicht erzwingen konnten
Und doch beide in sich trugen.

Seine Tochter aus der anderen
Verbindung klagt:
„Sie zahlt nicht einen Cent und raucht mir meine
Zigaretten weg."
Ihn rührt das nicht.
Mit einer Selbstgedrehten schräg im Mund
Trinkt er daran vorbei,
Zieht neue Saiten auf die Holzgitarre und
Versendet liebevolle Blicke,
Redet dann durch seine
Schulterlangen Haare:
„Wer sagt, dass es Liebe war.
Ich nahm und nehme alle auf, die zu mir
Kamen und die kommen.
Sie war eines Tages auch dabei.
Und blieb und blieb.
Nur einmal habe ich sie rausgeschmissen.
Das war mitten in der Nacht.
Da war sie aber weiter nicht als bis zum
Strand gekommen.
Morgens war sie wieder da.

Ob ich sie liebe, weiß ich nicht.
Von Liebe war bei uns noch nie die Rede".

Seine Frau hört ruhig zu und unterbricht ihn nicht,
Dann sanft und liebevoll:
„Als ich hier ankam, war das Kind noch klein
Und seine Mutter war davon gelaufen.
Er hat nicht um sie geweint.
In allem hab ich mich ihm angepasst.
Das war ganz leicht, weil ich doch
Gar nichts hatte.
Ich bin einfach so bei ihm, und ob es Liebe ist,
Hab ich nie hinterfragt.

Du willst doch für die
Zeitung schreiben, aber sicher möchte niemand
Das erfahren oder lesen.

Wenn wir miteinander schlafen, könnte
Jedenfalls das eine und das andre Mal
Für mich auch anders sein.
Ich habe viel darüber nachgedacht
Und schwärme dann im stillen
Kämmerlein für einen Mann mit festem
Handwerk.
Gerne hätte ich auch eine Frau in meiner Nähe,
Als ein geistverwandtes Wesen, um mich
Auszutauschen.
Nein, von Liebe wurde nie gesprochen.

Wir sind aber gleichermaßen stark und
Lang verliebt in dieses Bild dort drüben,
‚Kleiner Ausschnitt eines Gartens', mit dem
Aufgeblühten, dem Betrachter zugewandten
Orange-gelbgeflammten, tellergroßen
Zwillingsmohn vor weißer
Wand, darunter braunbemooster Fels,
Zwei Sonnen nahe aneinander,
Die, umrankt von früh verwelktem Flieder,

Kleinen, roten Rosen, himmelsblauem
Steppensalbei und umkränzt von
Grünen, transparenten, aderreichen Blättern,
Schwankend fast, im
Liebesglühen stehen.

Ihre beiden tiefblauschwarzen Kelche
Lenken jeden Blick auf sich.

Ein wenig abseits, fast am Rand des Bildes,
Wartet die Laterne auf die
Dämmerung".

Meine Art von Liebesleid

Ich hab mich nicht getäuscht, denn
Als ich mitternachts vor meine
Haustür trat, sah ich den
Großen Bären senkrecht über mir,
Und du behieltst genau so recht, als du
Nur kurz zuvor von Blitzen sprachst, die du
Am Horizont gesehen haben wolltest.
Jetzt sah ich sie auch als Wetterleuchten.

Dir war diese Nacht zu kurz geworden, und du
Ließt mich unter meinem Sternendach
Allein mit mir in Dunkelheit, dass mich das alte
Leiden, Sehnsucht, wieder überkam.
Sie war mein neuer Schatten, der sich von mir
Trennen konnte und sich an mich heftete, ein
Tagtraum und ein Nachgespenst,
Und diesmal beides und zu gleicher Zeit.

Ich hatte dir davon noch nie erzählt.

Die Sehnsucht war mehr als Verlangen,
Hatte ein Gesicht, das öffnete sich jetzt im

Grellen Blitz, der schien dem
Siebenstern dort oben schräge Augen
Einer Eisprinzessin, die Verführung suchte, zu verleihen,
Ließ mir prachtvoll Silberhaare
Niederfallen.
Voller Lust griff ich in sie und stand doch still.
Das alles hatte nichts mit dir zu tun,
Nein, ich erinnerte mich nur an eine
Frühere Vergeblichkeit,
Denn Liebe war für mich stets Arzt
Auf den ich hörte, auch wenn ich ihn
Nicht vernehmen wollte.

Meine Liebe war beständig und versprach mir
Süße Leiden.
Ärzten und der Liebe gab ich leicht
Versprechen, doch gehorchen tat ich nur dem
Leiden.
Ja, ich weiß, dass du mich nachher fragen wirst:
„Warum bist du nicht gleich zu mir gekommen,
So wie jeden Abend",
Und auch, dass ich keine Antwort geben kann.
Es hat ja nichts mit dir zu tun,
Es ist nur meine Art von Liebesleid.

Die Verliese einer gartenbunten Bluse

Sie ist eng mit mir zusammen und
Trägt Tuch und trägt es nicht,
Ich jedenfalls sah solches bisher nie an ihr.
Sie will mit ihren sechzehn Jahren,
Dass ich alles an ihr respektiere und
Nichts übersehe und Bescheid weiß und
Sie nicht verrufe und ihr liebes
Tuch, wie sie persönlich, achte und es als
Geschenk an mich betrachte.

Ich sprach ihre Mutter an, und die erklärte mir:
„Sie hüllt sich gerne in ihr Tuch, so sagt sie, doch hab
Ich es nie an ihr gesehen, und es wird so bleiben".
Allerdings sei sie sehr oft die Frau, so jung sie ist,
Die andre Frauen und das Recht auf
Frau zu sein, verteidige.
Sie sprach mir Mut und sagte noch, dass ihre
Tochter mich sehr liebe.

Die Familie meiner Freundin ist sehr groß
Und auch sehr klein.
Ihr jüngster Bruder sprach mich an:
„Ihr Tuch ist ihr das wichtigste,
Sie trägt es Tag und Nacht.
Sei vorsichtig, dass du es nicht und sie damit verletzt".

In meiner Neugier dachte ich, dass sie,
Versteckt vor mir, es nur woanders trüge
Und befragte sie.
Sie aber lachte und versicherte:
„Mein größtes Liebespfand würd ich doch
Nie vor dir verstecken.
Nein, ich trag es Tag und Nacht.
Sei vorsichtig damit, dass ihm und mir
Daran nichts Schlimmes widerfährt".
Da gab ich mein Suche auf und wollte ihr
Gewissheit geben mit nur einem Kuss,

Den setzte ich, weil es in
Rötung strahlte, auf ihr rechtes Ohr,
Das war, so sah ich nun, von einem
Glitzerstecker fein durchstochen.

Rücklings hing daran der Anfang eines
Doppelfingerbreiten purpurroten Bandes, das
Bezog den Hinterkopf mit ein und fächerte
Vom Rinnsal aus zu einem süßen, flachen
Bach, der schlang sich einmal um den Hals,
Floss locker weiter über ihre Schultern und
Fiel vorne dann hinein in die Verliese einer
Gartenbunten Bluse,
Deren Beete waren eingerahmt von
Schmalen, weißen Seidensäumen.

Dunkle Kelche rosafarbenen und blauen
Mohns bedeckten ihren Ausschnitt, den der
Oberste der Perlenknöpfe
Pfortenartig und nur angelehnt ein wenig
Offen hielt.

Mit einer wunderbaren Technik

Sie war stolz auf sich.
Sie lebte im Verbund in Suaheliland,
In einem Fünfzehnhüttendorf,
Zusammen mit den Eltern in nur einem
Fensterlosen Raum.

Das Licht darin kam neuerdings aus einer
Plastikflasche, halb ins Wellblechdach gesteckt,
Die sammelte und spendete enorme Helligkeit.
Sie war ergänzt mit einer wunderbaren Technik,
Dass auch nachts bis hin zum frühen Morgen
Keine Dunkelheit entstehen musste.
Alles das verstand sie kaum,

Doch öffnete es ihr die Augen weit.

Sie wusste, dass sie alt genug für eine
Heirat war.

Mit zwölf war sie beschnitten worden.
Daran durfte sie nie wieder denken,
Denn es war für sie noch schlimmer
Als für jenes Mädchen, welches Frauen,
Weil sie sich dem widersetzte, für die Nacht
An einen Hügel mit Termiten banden.
Das war nicht zu überstehen.
Beides war so Tradition.

Sie durfte endlich mit dem jungen Mann
Aus einem etwa vierzig Hütten großen Nachbardorf
Die Hochzeit wagen.
Eines Tages, wusste sie, käm sie als Lehrerin zurück
An ihren Platz und würde alles, alles tun, mit dieser
Tradition zu brechen.
Um jedoch zu lernen, musste sie in Ehe leben.
Das war Schutz und Garantie für sie.
Der junge Mann bestand nicht auf
Beschneidung, aber es war Brauch, und
Anders hätte er sie nicht bekommen.

So nahm sie den langen Marsch zu ihrem Studium in einer
Holzbaracke täglich auf, aß Wegesfrüchte
Statt der Speisung in der Schule und sah ihren
Ehemann im Jahr nur, wenn die
Sonnenwende kam,
Ein andres Mal, wenn Regenzeit versiegte.
Er hielt an ihr fest, auch wenn sie wusste, dass er
Noch zwei andre Frauen aus dem
Fünfzehnhüttendorf zu seinen Liebsten zählte.
Das tat gut, weil es ihr zeigte, dass er viel
Verständnis für ihr Wohlergehen hatte und sie
Nicht bedrängte.

Selber hatte sie aus Neugier auch schon
Einmal auf dem Wochenmarkt ein
Zelt betreten, das ein wenig abseits stand.
Der Mann darin versuchte guten Rat zu geben,
War sehr einfühlsam und tat ihr gut.
Doch konnte er ihr die Verstümmelung
Von Frauenkörpern, scheinbar um die Liebeslust
Zu töten, nicht erklären.

In dem Studium war es für sie am wichtigsten
Die Strategien und alles Wissen über die
Beschneidung zu erfahren, um die
Wurzeln eines immer neuen Wachstums
Endlich auszutrocknen.
Dabei dachte sie stets an die
Plastikflasche in der Wellblechdecke
Und die Finsternis, die die vertrieb.

Sie traute sich von nun an alles zu.

Ein kinderleichtes Spiel

„Schmetterling, du kleines Ding,
Such dir eine Tänzerin", sang man im
Chor der Kinder, Mütter und der
Kindergärtnerinnen.
Alle hatten sich im Kreis versammelt.
Mitten drin ein Junge, der sich suchend
Drehte und erkennen wollte.

Dem entließ die schnellste Mutter ihre
Blondgelockte, himmelssüße Tochter aus der
Hand in seine Arme.
Die war davon angetan, doch nah genug an ihm
Verstand sie gleich, dass seine Ausschau
Andrem galt und stampfte heftig
Mit dem Fuß.

Der Junge aber fand im
Kreis der Kleinen seinen wahren Freund.
Sie hakten sich im Gegenüber ein
Und tanzten federleicht im Kreis zu Reimen,
Die gesungen wurden,
Ließen sich dabei nicht aus den Augen
Strahlten über Kreuz einander an
Und hoben ihre freien Arme, tasteten dann mit den
Fingern, die sich Fühlern gleich
Zur Mitte über ihnen streckten und berührten,
Wechselten die Innenseiten schnell nach
Außen, dass die Körper flatterten und
Fortzufliegen drohten.

Alles ging so schnell zu Ende,
Welch ein kinderleichtes Spiel.

Die Kindergärtnerinnen und die Mütter
Und ein Gast am Zaun,
Erkannten augenblicklich die besondre Art der
Harmonie von
Freude beim Zusammensein
Und Ausdruck in gemeinsamen
Bewegungen.

Man klatschte ganz verhalten, und die beiden
Nahmen sich bescheiden in die
Arme.

Ein wunderbares Schluchzen seiner Träume

Er war immer dankbar gegenüber seiner
Mutter.
Sie beschenkte ihn mit großer Lebensfreude.

Seinen Vater hatte er nicht viel gekannt,
Der hatte viel zu viel gespielt mit ihm, mit
Anderen, mit Geld und allem, was ihm nicht
Gehörte, und ihm selbst gehörte schließlich
Nichts.
Das reizte ständig zu gewinnen.

Er, als Kind, verstand nur, dass der
Vater selten häuslich war, danach wurd er
Besuch und blieb dann schließlich aus.

Die Mutter liebte ihren Sohn und küsste ihn auch
Später noch auf seinen Mund.
Er legte dann die Hand auf ihre
Brust und war ihr so sehr nah, denn seine
Liebe galt nur ihr.

Sie hörte wie er Pläne schmiedete.
Die Welt war ihm zu klein.
Er wollte Großes leisten und lag immer
Noch auf seiner Wiese, eingebettet zwischen Felsen
Und versteckt im hohen Halmengras.
Er zählte graue Wolkenpferde, Reiter,
Denen gab er gelbe, rote Kleider,
Morgens oder wenn die Sonne unterging,
Dann wieder Fahnen, die dort oben wehten,
Sah gelockte Frauenhaare auf sich niederfallen,
Ihn berühren,
Sah, dass die Besitzerinnen
Seiner Mutter gar nicht ähnlich waren,
Die Gesichter sich jedoch in allem glichen.

Das erzählte er nun jedem der es
Hören wollte oder nicht, auch
Gräsern, Fischen und den Bäumen.
Einer dieser Bäume hatte langes Mädchenhaar,
Das klirrte wie es Birken tun.

Er lernte Solveig kennen.

Die lag neben ihm und lächelte ihn an,
Ließ seine Hand gewähren
Wie er es bei seiner Mutter tat.
Das weckte ihn jäh aus dem Traum.
Er hatte Angst vor Angst,
Er hasste Angst.
Die legte sich nun über ihn.

Die junge Frau war Wirklichkeit,
Und ließ sich gern von ihm entführen in sein Haus,
Wo sie die Mutter kennenlernte.
Beide fanden herzliches Gefallen aneinander,
Waren voller Liebe, die sie an ihn
Weitergaben, dass er nicht, nun eingeengt,
Sich ungewollt entscheiden müsste.
Doch er fand sein Glück nicht wieder
Und verwünschte sie und wünschte sich das
Böseste, den Teufel in die Welt,
In der er lebte.

Der war schnell zur Stelle.

Seine Mutter starb des Nachts in seinen Armen.
Solveig war dabei und sah ihn leiden.
Da ging er zu seiner Braut
Und sah an ihr die Liebe wachsen.

Aus der Tiefe ihres Mitgefühls sang sie für
Ihn ihr Liebeslied aus
Wolkentreiben, Frauensehnsucht und
Berührung.

Das drang in sein Ohr und wurde ihm ein
Wunderbares Schluchzen seiner Träume,
Die sie ihm sein Leben lang
Mit sich
Bewahren wollte.

Ich würde dich zu gerne fragen

Ja, ich würde dich zu gerne fragen,
Ob du dich erinnerst.

Aus dem Internet erfuhr ich kürzlich, dass du einen
Flug zu fremden Sternen
Unternommen hättest.
Du warst schließlich einmal
Vorstandssekretärin.
Damals sagtest du ganz nebenbei
Und trotzdem überzeugt:
„Das ist im Leben nichts für mich", und
Deine Chefs behielten dich,
Vielleicht deswegen.

Jetzt nach vielen Jahren Sucherei
Entdeck ich dich auf einem Video im
Zwischenraum von Publikum
Und Dirigentenpult versteckt
Als Mitglied des Orchesters.
Dort bedienst du wieder eine
Schreibmaschine,
Weiß, getarnt als digitalisiertes Tasteninstrument,
Das ist an einen Synthesizer angeschlossen.
Elektronisches spuckst du zu einem
Dirigenten, der, wie damals deine
Vorgesetzten, mit den Fingernägeln auf den
Leeren Joghurtbecher trommelt.

Meine Liebe kannte keine Grenzen.
Sie galt dir, nur dir allein.
Gestehen konnte ich dir nichts,
Doch du erkanntest eine Chance für dich
Und wolltest mich mit der Pistole deines
Vaters töten, wenn ich nicht der Vater deines
Kindes würde.

Du und ich, wir hätten Treuebruch begangen,
Das bedeutete dir nichts,
Und du gestandst mir nebenbei:
„Ich hatte einmal eine Fehlgeburt von einem
Frauenarzt.
Der wusste immer alles besser.
Er nahm mich in seiner Praxis".

Diesmal wolltest du von mir die
Vaterschaft um jeden Preis.
Ich hätte gern den Wunsch erfüllt,
Doch glauben konnte ich dir nicht,
Und deinem Mann, schien mir, war ich ein
Weiterer von vielen.

Deine Hände, deine Augen, deine
Lippen flöteten mir sanfte Lieder, die versprachen eine
Weiche oder herbe Liege, wie ich wollte,
Und dein Mann:
„Um den brauchst du dich nicht zu kümmern,
Der weiß alles und Bescheid".

Ich konnte es nicht glauben und
Befragte ihn sogar.

Er gab dir recht und dass er deine
Liebe teilen würde, wenn ich dich nur
Lieben könnte.

Nichts zehrt mehr als unerfüllte Liebe.

Ich stand mir im Weg,
Und ihr umwuchst mich schlangengleich als ein
Geflecht aus Rosen und aus Dornen,
Redetet mir aber ein,
Ihr ebnetet für mich ein wunderbares Beet.

Ich sah mich schrecklich eingeengt in dieser Hecke,
Tief verkeilt im Zwiespalt zwischen Liebe
Und Betrug.
Die Scherben, die ich fand, verzerrten
Meine Wünsche, dass ich schließlich aufgab
Und bei fremden Leuten weinte.

Lange führten kleine, große Trümmer,
Trauer, Wut und Müdigkeit ihr Eigenleben.
Nahrung dafür war genug in mir.

Heut leuchtest du als
Abendstern herüber.

Ich hab Tag für Tag an dich gedacht
Und würde dich zu gerne fragen.

Die Morgenröte einer Schwangerschaft

Sie fasste allen Mut zusammen,
Als sie zu ihm sagte:
„Ich bin neu verliebt".

Er war nie herrisch, grob, gewalttätig.
Das war, was sie so an ihm liebte
Und auch hasste.
Niemals sagte er, was er in Wahrheit wollte.
Das war manchmal gut,
Und andre Male ließ es sie alleine stehen.

Jetzt, so dachte er, gesteht sie, dass sie mich
Von einer andren Seite lieben lernt
Und fand sich plötzlich äußerst liebenswert,
Und schließlich waren sie ein Paar seit fünfzehn
Jahren.

Sie ergänzte:
„Du verstehst mich nicht,
Ich will es dir erklären".

Das gefiel ihm nicht, und er bestand auf
Überraschung, was sie sehr verwirrte.
Das war, was sie an ihm hasste.
Immer sah er alles positiv und lenkte ein.

Sie hatten keine Kinder.
Nein, sie hatte Kinder nie gewollt,
Es hätte eine Leere, die sie spürte,
Niemals ausgefüllt.
Doch nun, von einem Tag zum anderen, war diese
Leere fort und hatte nichts mit ihm zu tun.

Sie hatte neues Land betreten,
Eigentlich bekanntes Land verlassen,
Das versuchte sie ihm zu erklären.
Er verstand, dass sie um Worte rang
Und sah, wie Glut in ihre
Wangen schoss.

Er deutete, dass ihr die
Morgenröte einer Schwangerschaft das Herz
Geöffnet hätte und nahm sie in seine
Arme, flüsterte ihr unter Küssen liebe, warme
Worte auf den Nacken und die Schultern.

Sie entwand sich diesem Zugriff mit
Bescheidener Zurückhaltung
Und sagte dann noch einmal:
„Ich bin neu verliebt, dass musst du

Akzeptieren, und ich werde dich verlassen".

Sie empfand sich nun tatsächlich schwanger,
Als unendlich liebesschwanger,
Und ihr wurde schwindelig.
Sie griff nach seinen Armen, den
Gewohntem Halt zu finden.

Ihn aber rief dies in die Wirklichkeit zurück.
Er fragte:
„Kenn ich ihn"?
Sie sagte nur:
„Wir reden später weiter.
Heute schlaf ich anderswo".
Er wollte wissen:
„Wann ist bei dir später,
Wann bist du zurück"?

Zum Abschied hätte sie ihm fast noch einen
Kuss gegeben, das erwartete sie so von sich.

Doch als sie fort war, sah er aus dem
Küchenfenster, dass sie eine Fremde
In die Arme nahm, und sich die Frauen,
Eng umschlungen,
Küssten.

Ich hab mich sehr an dir verletzt

Am späten Abend saßen sie noch
Beieinander auf dem Bettrand im Hotel,
In dem sie wohnte.
Sie war seine ganz und gar vertraute Liebe.

Von Bekannten hatte er erfahren, dass sie
Eine seiner Freundinnen in Leidenschaft
Umarmt, geküsst und dann in einem
Haus mit ihr, so hieß es,
Übernachtet habe.

Als ihm dies zu Ohren kam, wurd seine
Welt zu einem Käfig, dessen Tür er
Nicht mehr finden konnte.

Sie stritt alles ab
Und senkte dabei ihre Augenlider,
Doch sein Mund war eine Schranke,
Die sich von alleine nicht mehr öffnete.

Sie hatte Schlangenzungen, die in kleinste
Spalten drangen und beim Züngeln winzigste
Aromastoffe gierig schmeckten,
Deren Spitzen tasteten den Mund
Nach einem Schlupfloch ab, um tief
Hineinzustoßen,
Und sie sagte zischend:
„Sei deswegen bitte nicht mehr böse".
So verriet sie sich.

Er wollte widersprechen, doch es wurde nur ein
Kläglicher Versuch wie Gurgeln.

Das nahm sie als gutes Zeichen
Und begann ihm ihre ganze
Weichheit, Weiblichkeit und
Wärme in Geborgenheit zu bieten,

Dass ihn andere Gedanken nicht
Erzürnten und entkleidete erst ihn, dann sich von
Allem Überflüssigen.

Er konnte ihre Schlangenzungen aber nicht
Vergessen,
Die beherrschten Öffnungen des Kopfes,
Krochen in die Ohren und verliefen sich in
Seinem Mund.

Mit allerfeinsten Schuppen, die kaum
Seine Haut berührten, zog sie sich
Blitzschnell um seinen Körper.

Nichts wär ihm nun lieber, als der
Stich der Viper,
Er verlangte fast danach.
Es wäre jetzt ein köstliches
Geschenk und würde dieses Ringen
Enden lassen.

Sie jedoch gab sich ihm gänzlich hin,
Dass er ihr Sieger würde.

So verriet sie sich noch mehr,
Und seine Hitze schwoll zur Glut.
Mit Absicht ließ er
Alles auf das weiße Laken ihrer
Lügen fallen.

Das empörte sie zutiefst.
Es durfte niemand sie als das behandeln
Was sie war
Und schnellte auf zu ihrem Biss:
„Ja, du hast recht, es stimmt.
Ich liebe deine Freundin und auch deinen
Freund und beide lieben mich
Und sich".

Da sagte er in Müdigkeit und voller
Abschied:
„Liebe, die ich für dich hege,
Kannst du nicht bezwingen,
Doch das Herz ist mir an dir zerronnen,
Und ein weiteres von dir an mir.
Ich hab mich sehr an dir verletzt".

Zuhause angekommen

Jenes Land, aus dem sie kam,
Beherbergte, erzählten Reisende,
Nur ansehnliche, schöne Frauen;
Selbst die alten wurden von den
Männern gleichen Alters, wenn es welche gab,
Als schön bezeichnet.
Das lag viel an ihrem Äußeren,
Der Ebenmäßigkeit der Züge, den Bewegungen
Der Hände, Füße, ihres ganzen Körpers,
Doch beherrschten meistens
Ihre Liebenswürdigkeit und
Freundlichkeit sowie die Anmut, die von innen kam,
Die Wärme, die Bescheidenheit, gepaart mit
Unbestimmter Dankbarkeit das Bild, das sich in
Herzen prägte.

Viele Frauen und die Mädchen hatten Namen, die
In irgendeiner Weise mit Maria endeten, begannen
Oder damit in Verbindung standen.

Männer, die von auswärts kamen, suchten oft ihr
Glück bei ihnen und bemühten sich,
Wenn sie es fanden, solche Frauen
Heimzuführen.
Von den Fremden wusste keiner eigentlich
Genaues über sie.
Sie mussten sehr auf das vertrauen, was sie an

Erlebnissen geschenkt bekamen
Oder sich entdeckt zu haben glaubten.

Paare, die sich fanden, sprachen voller
Sehnsucht, häufig nur in dritter Sprache,
Miteinander über das, was kommen sollte.
Später, in der neuen Heimat löste jedoch manche der
Gewohnheiten der Liebsten, die ganz
Selbstverständlich handelte,
Verwirrung und Verwunderung bei beiden aus.

Zunächst erwarb der eine und der andere, um einen
Neuanfang zu wagen, Stühle, Sessel, kleine Tische, andre
Winzigkeiten, um den Schmerz an die verlassene und ferne
Heimat abzumildern und ging dann getrost auf
Reisen, weil er damit Unterhalt verdiente.
Das war schließlich seine Tätigkeit.

Kam er dann irgendwann, trotzdem so
Schnell wie möglich, heim, fand er bei seiner
Rückkehr seine Frau in einem Zelt,
Das hatte sie aus einem Tisch und umgedrehten
Stühlen, deren lange Finger sich in Andacht falteten,
Im Wohnraum eingerichtet.
Über allem lag die neue, leichte
Chinaseidendecke als ein Kopftuch,
Das verschleierte den Eingang.

Darin lebte sie,
Saß dort bequem und mit gekreuzten
Beinen auf dem handgeschnitzten
Schemelchen, das sie sich im Gepäck,
Fast aus Versehen, mitgenommen hatte.

Er entdeckte sie, ein wenig vorgebeugt,
Vor einer Art Kulisse einer Landschaft,
Die schloss scheinbar einen Altar ein.

Es lagen silberweiße Weihnachtskugeln aus dem
Fundus eines Pappkartons darin verteilt.

Sie hatte in die Löcher hoher, kürzlich erst erworbener
Designer-Salz- und Pfefferstreuer
Mit sehr viel Geschick und Gabe schlanke, grüne
Palmenblätter aus Papier gesteckt.
Darunter war das dunkle Holz der Griffe.
Alles war erhellt mit Flackerkerzen, die das
Licht aus Batterien bezogen.

Wasserschälchen, angefüllt mit
Leuchtend roten Rosen, die auf großen
Gelben Blättern schwammen, alles
Aus Papier geschnitten,
Standen an den Seiten.

Sie war glücklich hier zu leben, wo es
Solche Schätze gab und fühlte sich
Zuhause angekommen.
Irgendwann würd sie ihm sagen, dass sie eine
Tochter...doch das hatte Zeit,
Er würde es verstehen.

Selbstzufrieden und zugleich verliebt
Erwartete sie innig seine Rückkehr,
Um ihn in die neue Wohnung in der Wohnung,
In ihr Brautgemach, zu führen.

Von Sonnenlicht betrieben

Für ihn endete das Leben plötzlich
Mit dem seiner Frau.
Das Weiterleben über ihren Tod hinaus
War ihm mehr Tod als Leben.

Beide wären sie in einem Alter,
Welches lang ersehnte Reisen
Hätte möglich machen können.
All die Jahre schwärmte sie von einem
„Land der Gegensätze", das war bis zuletzt
Ihr Lebenstraum gewesen.
Seine Lust hingegen hielt sich sehr
Bescheiden, es genügte, was ihm still begegnete.

Nach dem Verlust war er zu oft allein
Und suchte ihre letzte Ruhestätte immer wieder auf.
Die Trauer aber nahm kein Ende und,
Er konnte seinen eignen Weg nicht finden.

Da beschloss er, ihren Traum zu seinem
Wunsch zu machen,
Und die Reise in das Land zu wagen,
Dass es irgendwie Erfüllung gäbe.
Zweierlei war dabei zu bedenken:
Einerseits besaß er reichlich Geld, das machte frei,
Und andrerseits war er unheilbar krank.

Man hatte seine Reise bestens vorbereitet, schien es,
Aber bei der Landung fand er alles ausgebucht und
Strandete an einem Ufer voller Zelte.
Eine Frau daraus, vielleicht ein wenig
Jünger als er selbst,
Bot ihm bei sich zu schlafen an.

Sie lebte zwischen selbstgeklebten
Schmetterlingen, daumen- und handtellergroß, die
Sich im Luftzug zu bewegen schienen,

Trug in Selbstverliebtheit grelle, gelbe, rote, blaue
Stoffe, die sie sich drapierte und mit kleinen
Klammern hielt und ging des Abends, unter einem
Sonnenschirm versteckt, spazieren.

Sie wurd ihm das Vögelchen, das zwitschernd, flatternd
Ohne jede Hast in seinen Ästen kletterte und
In der Krone wohnte,
Dabei stahl sie ihm, fast wie versehentlich, in einer
Nacht sein Herz, dass er ihr seine Liebe offenbarte.
Das empfand sie als ihr Frauenglück
Und ihn als wahren Schatz.

Sie lebten lange in dem Zelt, doch
Seine Leiden zwangen mehr und mehr zu einer andren
Bleibe, die wurd nun ein Wohnmobil, dem zwar der
Antrieb fehlte, welches aber komfortabel und
Gut zu begehen war.
Sie zogen um.
Im zeitvergessenen Beisammensein,
Im Miteinander, Füreinander, Zueinander,
Wuchs hier eine Art von Gleichheit, die nicht
Unterschied, denn jeder fühlte sich,
Auch körperlich, als Teil des anderen und
Dachte so und lebte so und liebte so.
Das war für ihn besonders und ergänzte jene
Zweisamkeit wie er sie kannte, wo zwar jeder um den
Andren lebte, aber auch sein Eigenleben führte.

Lange hofften sie auf einen Funken der
Genesung, anfangs voller Zuversicht, dann nur noch
Im Vertrauen auf die Medizin.
Erst sah er deutlich die Vergeblichkeit
Und dann, dass Abschied
Nun der beste und der letzte Ausweg war, um
Vor dem Ende anzukommen.
Schließlich wählten sie den Sonnenaufgang
Für die Trennung.

Kurz vor seinem Abflug schenkte er ihr noch ein
Büchlein, das, mit einem Schloss versehen,
Später erst von ihr geöffnet werden sollte.
Darin lag ein Umschlag mit der
Summe Geldes, die er für den Todesfall von der
Versicherung erhalten hatte.
Die verschmähte er und wollte davon nichts für sich.
Darüber lag ein kurzer Brief,
Den hatte er für sie geschrieben:
„Meiner Frau und ganz besonders dir
Verdanke ich ein zweites Leben
Du und ich sind jeder Teil des anderen geworden".
Auf dem ganzen lag ein transparenter
Schmetterling mit hochgestellten Flügeln.
Er schrieb weiter:
„Einmal losgelassen, wird das kleine Ding, von
Sonnenlicht betrieben,
Kinderleicht entfliegen".

Aleppo mon amour

Es steht ein viel zu langes Video im Internet,
Das heißt „Aleppo mon amour", und es ist gänzlich
Ohne Ton.
Ich kenne nur die Kriegsberichterstattungen aus
Nachrichten und meiner Tageszeitung
Und erfahre so von kellerbrechenden Granaten und von
Bomben, die sich selbst in neue Bomben sprengen.

Diese Stadt war eine Stadt, und wer sich dort
Bekämpft, weiß niemand mehr.
An Flucht ist nicht zu denken.
Auf dem Video sieht man die Krater in den
Häuserwänden, wenn sie denn noch stehen.
Gleich dahinter lauern Heckenschützen
Auf dem ersten Rang.

Darunter wachen und bewachen auch die
Wenigen, die überleben.

Drüben an der Hauswand steht ein junger
Mann, der plötzlich das Gewehr aus seinen
Händen fallen lassen muss, weil ihn die Kraft verlässt.
Im Niederstürzen tränken sich sein Hemd
Und seine Jeans mit Blut.
Er liegt sekundenlang, dann springt aus einer
Kellerwand die junge Frau, versucht ihn
Aufzufangen, und erkennt sofort wie wenig
Hilfe sie ihm bringen kann, in Angst umschlingt sie
Seinen Kopf.
Sie ist mit schwarzem Tuch
Verschleiert angekommen,
Doch jetzt reißt sie das mit einer
Einzigen Bewegung ganz vom Leib und gibt ihm
Ihre Brust.

Die Straße ist von Menschen leer.
Verzweifelt hebt sie seinen Kopf auf ihren Schoß.

Die Berge Schutt und das Zerstörte rundherum
Erwachsen in Reliefs zu Heiligtümern, und die
Stille dieses Videos zerschneidet jedes Schweigen,
Dass ich Schüsse, Schreie, Kinderschluchzen,
Explosionen und Sirenen höre.

Köpfe in den Häuserlöchern harren in
Bewegungslosigkeit und Läufe der Gewehre werden
Eingezogen.

Jeder hier erkennt nun Liebende, die
Abschied nehmen.

Sie legt ihn behutsam etwas auf die Straße und den
Schleier als ein Bündel unter seinen Kopf,
Sieht sich dann um und schaut zum Himmel.
Ruhe um sie her wird nochmals still.

Von oben droht ihr nichts, und
Häuserwände schwanken nicht.

Sie kommt ganz langsam hoch,
Hebt in der Blöße ihres
Oberkörpers das Gewehr vom
Boden auf, und schwenkt es in die Richtung
Wo der Schuss gefallen war.

Sie zielt, als ob es Absicht ist,
Zu lange und zu ungenau.
Sie fällt.

Drei Männer, die den Schutt als Deckung nehmen,
Und die weiße Helme tragen,
Wollen helfen.
Mit geübten Griffen ziehen sie den
Schwerverletzten unter ihrem Körper fort.
Sie drehen sie noch einmal zur Kontrolle auf den Rücken,
Doch es bleibt vergebens.

Die Dichterin

Man hatte mich, weil ich aus hohem
Norden stamme, angesprochen, ob ich als
Gesandter, eine Botschaft, die man mir jedoch
Nur mündlich übertragen könnte, dorthin
Übermitteln wollte.
Die wär der Empfängerin sehr wichtig,
Andrerseits stünd sie als
Abgeschlossenheit im Raum, und
Ihr Verlieren würde nichts bewirken, doch
Geschrieben könnte sie in falsche Hände fallen
Und viel Unglück stiften.
Meine Nachricht gälte einer Tochter, die mit ihrem
Vater und der Mutter einsam und am
Stadtrand lebte.

Ich war in Semesterferien und alle
Kosten würde man erstatten.
Auch am Ende bliebe noch ein guter
Rest für mich.

Mit neuer Technik, meinen Weg zu finden,
Traf ich schnell dort ein.
Ich stand vor einem leeren Haus,
Die Türen waren unverschlossen.
Ich trat ein und rief den Namen der
Empfängerin.
Das Schweigen und die Abgeschiedenheit,
Verrieten viel Vertrauen.
Bäume standen um das Haus und schnitten mit den
Aufgeregten langen Armen weite Fenster
In die abendliche Landschaft.
Drinnen waren alle Türen angelehnt, sie
Schauten voller Sehnsucht nach dem
Ankömmling und atmeten im Pendeln warmer Zugluft
Ein und aus.

Ich war willkommen und
Ließ ich mich auf einen Sessel fallen,
Schlief dort ein.
Doch in der Nacht wurd ich geweckt, nicht als ein
Eindringling, vielmehr als Gast, der die
Gepflogenheiten kannte.
Eine junge Frau, fast noch ein Mädchen,
Sicherlich die Tochter, fasste meinen Arm.
Ich wurde wach und sah mich um.
Sie stand allein vor mir und fragte gleich:
„Hast du nach mir gerufen"?
„Ja", bestätigte ich ihr,
„Wenn du alleine bist, hab ich dir eine
Botschaft auszurichten".
Sie darauf:
„Mein Vater und die Mutter
Schlafen hinten in der Kammer,
Aber gleich wird mich der Vater holen,

Und ich freu mich schon darauf.
Er ist mein Liebster".
Das verwirrte mich,
Doch ich begann ihr mitzuteilen:
„Meine Nachricht an dich ist, dass man
Den von dir eingereichten Text,
Es handelt sich um ein Gedicht, aus
Tausenden als den herausgefunden hat,
Der wert ist, einer großen Allgemeinheit
Vorgestellt zu werden.
Du brauchst dem nur zuzustimmen".

Ihre beiden Hände flatterten vor
Freude und vor Seligkeit auf ihre Augen, ihren Mund,
Verschlossen ihre Ohren, und sie
Hüpfte kinderartig in ganz kleinen Sprüngen,
Fiel mir schließlich um den Hals:
„Ich stimme zu; ja, ja, ich stimme zu.
Ich hab nur diese eine Strophe eingesandt.
Hör her,
Weil ich so glücklich bin,
Und weil ich keinen stören will,
Sing ich sie leise, leise in dein Ohr:

‚Die Dichterin, die nachts den
Schatten zu dem Vater in die Kammer schickt,
Sich zu ihm legt,
Von ihm empfängt,
Und ungeachtet ihrer Mutter
Sich von ihm zu Tode lieben lässt,
Die also, wie das tote
Armenkind die Risse an der Zimmerdecke zählt,
Zerreitet jene Tiere blutig,
Die uns tags die Wachheit hüten'.

Nun geh schnell und fort von hier.
Mehr sag ich nicht.
Mein Liebster wird gleich zu mir kommen".

An diesem Wochenende im Hotel

Wir, zwei Freundinnen, genossen
Eine Morgenfrühe in dem Garten des
Hotels.
Das Frühstück war verlockend, wurde uns
Gebracht, und wir ereiferten uns über
Andere, die waren nicht wie wir.

Der Freund der Freundin kam an unsren
Tisch und nahm sich aus dem
Brotkorb eine Leichtigkeit mit
Selbstverständlichkeit im Stehen.
Sie schob mit den Fingern ihrer linken Hand,
Vielleicht sich schön für ihn zu machen,
Dünnste Strähnchen ihrer Haare von der
Stirn und hinters Ohr.
Ihr Haar war etwas mehr als nackenlang,
Und schimmerte in Rötlich-Braun.
Zu Anfang war es glatt gekämmt,
Dann sprang es ganz am Ende, schon in
Schulternähe, herrlich auf zu Locken einer
Königlichen Krause.

Sie sah freundlich zu ihm hoch und sagte:
„Nur weil du mit mir geschlafen hast,
Darfst du noch lange nicht von meinen
Brötchen nehmen".
Er ließ sein Gebäck sofort zurück ins
Körbchen fallen und bemühte ein
Zermürbtes Lächeln, weil er ihr nicht
Glaubte.
Darauf legte sie die rechte Hand darüber, dass er
Nicht auch noch nach Kaffee fragte.
Er ging fort.

Ich wagte einzuwenden:
„Gestern wart ihr euch noch einig,
Er dein Liebster und dein Schatz

Und plötzlich so"?
Sie aber:
„Ja, ich liebe ihn und trau mich nicht
Es ihm zu sagen.
Du verstehst es nicht und
Kannst es nicht verstehen.
Unsre Liebe könnte nur noch
Wochen halten, denn ich bin sehr
Krank, mein Herz versagt.
Ich wage nicht, ihn aufzuklären.
Besser ist, er glaubt, dass ich nur mit ihm
Spiele.
Doch in Wahrheit ist er meine übergroße Liebe,
Das beweis ich mir auf diese Art.
In seinen Armen, und nur dort
Bin ich daheim.

Stets wünschte ich ein Leben, das
Ich noch nicht kannte, grad wie dies.
Es wäre jedoch Lug und Trug, so wie ich bin,
Mit all der Liebe und dem
Glücklich-werden-wollen,
Mich ihm an die Hand zu geben.
Unsre Zukunft ist zu kurz für zwei
Und viel zu kurz für
Zwei Vergangenheiten.
Nur den Augenblick will ich
Erleben.
Nein, ich möchte ihn nicht
Leiden sehen.
Er soll lieber denken, dass ich mir nichts aus ihm
Mache".

Ich entgegnete:
„Ist das nicht unerträglicher als deine
Wahrheit, und vielleicht gibt es noch
Eine Möglichkeit".

Sie sagte ohne Trauer in der Stimme:
„Jede Aussicht haben wir geprüft,
Es gibt nur Aufschub, der ist
Ungewiss und sehr, sehr kurz,
Es liegt in meinen Genen,
Und ich frage nicht, was schlimmer ist,
Für mich zählt es, geliebt zu werden,
Aber mehr, viel mehr als das,
Bedeutet mir es, selbst zu lieben.
Er verzeiht mir, dass ich manches Mal,
Zu unnahbar und schroff,
Ihn scheinbar von mir weise".

Meine Freundin starb an diesem
Wochenende im
Hotel.

Das Engelstor

Die Lippen dieser jungen Frau, harmonisch,
Engelsflügeln gleich,
Ein ungewohnter Blickfang,
Ließen oft die Kunden ganz kurz innehalten.

Manchmal, im Verkaufsraum, fiel ein
Schwaches, weißes Licht von Neonröhren
Auf die rosa Haut,
Dass jemand, der die Frau nicht kannte,
Darin Unwirkliches,
Überirdisches entdecken mochte.

Sie verbrachte ihre Zeit in einer
Schlachterei und weinte nachts darüber, dass
Die vielen Tiere, die sie kurz zuvor
Lebendig hatte sehen können,
Starben.
Sie aß niemals Fleisch und ihre blasse Haut

Schien ihre Engelsflügel einzufassen.

Nein, sie wollte keine Welt verändern,
Suchte nur nach Schutz für sich.

Der größte Kontrahent war ein
Gesundheitspolizist, der auf gesundes
Schlachten achtete.
Dem sah sie eines Tages voll Vertrauen
Offen ins Gesicht.
Ihm graute plötzlich bei dem
Anblick der verschreckten Tiere.
Sie jedoch wurd ihm zum
Reh, das lockte, ihn entführte in die
Niederungen sanfter Tagesstunden,
Bis sie einhielt und sich unversehens nur
Mit ihren weiten, braunen Augen über ihren
Engelsflügeln, die geschlossen blieben, offenbarte.
Er hätt sie nur allzu gerne fest in seine
Arme schließen wollen.

Doch sie war dem Schlachter eng verbunden,
Hatte ihm dreimal ein Kind geboren.

Ihre Liebe zu den Kindern könnte sie nicht teilen,
Wenn sie auch von nun an ihre neue
Welt als köstlichstes Geschenk, als Gabe
Einer Morgenfrühe packte,
An sich drückte und beschwor,
Sie nie in ihrem Leben wieder frei zu lassen.
Ihr stand allzu heftig Herz auf Kopf,
Und nie geträumte Hoffnung öffnete vor ihren Augen
Ungelebtes Leben,
Frei vom Töten aller Unschuld.

Er war sehr verständnisvoll und ließ ihr jeden
Freiraum, den sie brauchte,
Und hielt sich zurück.
Den aber nutzte sie geschickt, ganz eng und nah

Bei ihm zu sein.
Um ihr sein wahres Herz zu zeigen, schrieb er ihr
Gedichte.
Das war einfach und nahm ihre Traurigkeit
Den Tieren gegenüber, ernst.
Im Haus des Schlachters ging er ein und aus,
Der Schlachter hatte ihn darum gebeten, und
Verstand sich mit den Kindern gut.
Doch wohnte er schon lange fest in ihrem
Herzen wie sie Wohnung nahm in
Seinem.
Dann ließ sie die Engelsflügel frei bis sie als
Ganzer Engel bei ihm wohnen blieb.

Der Schlachter aber schlachtete und schlachtete,
Als ginge es für ihn
Um Leben und um Tod und machte den
Betrieb zum größten Schlachthaus
Weit und breit.
Das nannte man ganz allgemein
Das Engelstor.

Jean-Paul Sartre und Simone de Beauvoir

Sie, Simone de Beauvoir, war ihm gewachsen,
Und sie wollte gleich ein Kind, ein
Kind von ihm.
Er aber, Sartre, war dazu nicht in der Lage,
Er war unfruchtbar.
Das machte sie zur Stärkeren, doch
Konnte sie ihn darum nicht verlassen, das
Verstieße gegen ihre eigne Freiheit, den
Zu lieben, den sie wollte,
Und sie sagte noch:
„Ich hasse meine Eifersucht, ich kann jedoch nicht
Ohne sie, ich liebe diesen Schmerz".

Sie stritten sich, sie liebten sich, und
Gaben jedem seinen Freiraum, dass er das
Bekäme, was ihm groß und wichtig wäre.
So verfasste er:
„Das Spiel ist aus",
Und sie verstand darin, dass er sich nicht
Vor ihr versteckte.
Sie erwiderte, dass sie nun endlich einen wahren
Mann gefunden hätte, der ihr geben könnte,
Was das „Spiel" verlängern, und ihr
Schwangerschaft bescheren würde.

Sie wurd wahrhaft schwanger, aber nur mit einem
Neuen Buch.

Er brüllte auf vor Schmerz,
Das würde er ihr nie verzeihen.

Beide waren eng verstrickt in ihre
Herzensfragen,
Und der laut verkündete Verzicht auf
Gegenseitigen Besitz und Anspruch
Konnte nicht den tiefen Argwohn stillen,
Sich und dem Geliebten gegenüber
Wirklich zu entsagen,
Sondern baute, heimlicher und unbemerkter,
Herzenskäfige in ihnen aus,
Den anderen dort einzusperren,
Um ihn gänzlich zu beherrschen.

Beide waren sehr berühmt und
Weckten seltsam Neugier bei den
Völlig Unbeteiligten, auch weil sie
Ungemein gefräßig schrieben,
Und ihr Leben dem zu unterwerfen
Schienen.

Sie bemerkten lange schon nicht mehr, dass
Glück und Unglück, noch bevor es sie

Entzündete, die Tageszeitung überschwemmte,
Als Gerücht Kursierte.

Sartre ging so weit,
Dass er sie nur noch seine Freundin hieß
Und schrieb in philosophischer Manier, dass
Sie dem Druck der individuellen
Freiheit ausgewichen sei und ihren
Wunsch nach Schwangerschaft auf seinem
Rücken abgeladen hätte.
Das verriete allen Ursprung
Freiheitlichen Denkens, wonach jeder
Seine Wirklichkeiten leben dürfe, und auch er den
Anspruch darauf hätte.

Man las ungeduldig und gefasst, dass sie ihn
Reuevoll um einen Neuanfang
Gebeten haben sollte,
Und von ihm, dass er ihr jüngstes Buch
Schon nach der zehnten Seite aus den
Händen legen musste, weil bei ihr von dem,
Was sie gemeinsam jahrelang bekämpft,
Umstritten und erlitten hätten,
Nichts zu finden sei.
Der Leser aber legte sich zu ihren
Füßen, bettelte um Niederwerfung,
Endlich fühlte er sich wahrgenommen.

Dann, von einem Tag zum andren, ging sie
Lautlos ihrer Wege.
Niemand sah sie wieder.
Er bekam den Großen Preis von weit her
Zuerkannt.
Doch den verschmähte er in einem
Kurzen Brief vom Grundsatz her.
Die Presse schwieg dazu, und
Man vergaß sie,
Jean-Paul Sartre und Simone de Beauvoir.

Wie schade, ach, wie schade

Jenes Dorf, Worpswede, hoch im
Norden, eingebettet zwischen Torfabstich und Moorlagunen,
Sollte einer jungen Frau, zur Zufallsheimat werden.
Sie, die Fieber in sich spürte, suchte Kunst,
Und sie, die eigentlich die Kunst studierte,
Sich mit Malerei, Musik und Schreiben
Auseinandersetze, durfte keine Kunst studieren.
Man erlaubte ihr allein das Studium zur Lehrerin.
Das war sehr viel, und tapfer klemmte sie den
Fuß in diesen Spalt.

Sie war erneut auf Suche, als sie in Worpswede auf die
Bilder großer Männer traf, doch ihre
Sehnsucht galt nicht denen.
Angezogen ganz besonders von der Landschaft
Und den Menschen dort, den
Blumen, Bäumen und verschlungenen
Gewässern zwischen braunem Erdreich,
Lockte es sie, das und mehr zu malen,
In Gemälden festzuhalten.
Das jedoch war unwürdig für eine Frau.

Bei einem weiteren Besuch begegnete sie
Einem Künstler, Otto, und dem Freund, dem Dichter,
Der ihr seinen Namen und den seiner Anvertrauten
Kalligraphisch, Rainer-Maria und dann Clara,
Süß verknüpfte mit dem ihren, Paula.
Diese Botschaft legte er japanisch an als
Farbholzschnitt und ihr zu Füßen und in ihre Hände.
Er war unentschieden zwischen beiden
Und begnügte sich zunächst mit
Schwesterlichen Huldigungen:
„Du, die blonde Malerin, und du, die Dunkle".
Otto galt ihr dennoch mehr, auch weil ihr
Malen ihm ein wachsendes Verstehen abgewann,
Und ließ sich von ihm heiraten.

Dabei behielt sie ihren Dichter fest verschlossen, tief im
Herzen.

Sonst war man als Künstler unter sich, und
Frauen, war man einig, bis auf sie,
Vergeudeten mit Kunst und Malerei nur ihre Zeit.
Sie war poetisch und beschrieb die
Bienen und die Hummeln nach Gehör als Brummeln.
Das erschloss ihr neue Welten.
Überhaupt war sie auf Neue Welten aus.

Ihr Mann war älter, und er machte sie zur
Mutter seiner Tochter, die war klein.
Dem Drängen ihrer Eltern gab sie nach
Und glaubte fest an Liebe und an eigne Kinder.
Sie verhielt sich still, und ihren Schrei nach Freiheit
Nahmen beide Männer, die an ihrer
Seite standen, überhaupt nicht wahr.
Sie malte nicht, was sie studieren wollte
Sondern was das Herz, das Auge ihr bescherte.
Das war neu, und niemand fand es der Beachtung wert.
Sie malte in Manier der unverbrauchten Schaffenden
Die weißen Birken, Kinder, schmale Wasserläufe,
Die sich durch die Wiesen hin zum
Torfstich schlängelten
Und folgte ihrer Tradition von Herzensfreiheit,
Wollte keinen damit schrecken.
Einige der Bilder trug sie in die nächste
Kneipe und verschenkte sie.
Der Wirt nahm sie aus Mitleid an
Und spendete ihr, weil sie Frau war,
Auch kein Bier.

Da nahm sie sich ein Herz und floh bis in die
Stadt der Liebe, freien Malerei und ausgelebter Poesie.
Dem Ehemann beschied sie nun getrennte Wege.
Das ging lange gut, weil man sie unterstützte,
Und sie malte Tag und Nacht.
Doch dann besuchte sie ihr Gatte,

Drängte und bedrängte sie.
Sie fragte sich bald nach dem eignen
Wohlergehen und gab unter Heimweh nach.

Zu dieser Zeit soll sich der Freund mit
Neueren Gedichten, die von nächster Nähe zu ihr
Schwärmten, fest in ihrem und dem Schatten ihres
Mannes aufgehalten haben.

Sie wurd endlich schwanger, sah
Familienglück als neuen Silberstreif,
Und sie entschied, das sollte in der schönen
Stadt den Anfang haben.
Sie bekam ihr Kind und war voll
Mutterschaft und Übereifer,
Der sich schrecklich rächte.
Als sie hörte, schon im Sterben, dass sie einem
Thrombus unterliegen sollte,
Sagte sie geschwächt zu ihrem Mann:
„Wie schade, ach, wie schade".

Melusine

Alles hatte sie so aufgebaut, dass nichts
Zu sehen war und traf sich in der Stadt mit ihm.
Es war seit langem dies das erste Mal,
Dass sie die Nähe eines Mannes wieder
Suchte, und er sagte gleich:
„Ich liebe dich".
Sie aber wusste mehr und tanzte erst mit
Ihm, und beide tranken auch ein wenig.
Alles ging ihr viel zu schnell, doch er bestand auf
Einem Wiedersehen.
Sie gab unter Zögern schließlich nach.

Sie trafen sich ein zweites Mal an einem Abend in
Derselben kleinen Diskothek.

Sie spielten unaufmerksam an
Geräten, die sie bei sich trugen.
So vermieden sie den festen Blick
Und hatten doch nur Augen für einander.
Das war unverfänglich und verliebt.

Sie suchte das Gespräch und sagte:
„Ich heiß Melusine, wie heißt du"?
Er horchte auf, der Name klang zwar fremd,
War aber auch bekannt.
Er sagte etwas stolz: „Ich heiße und bin Ritter".
Freundlich lächelte sie zu ihm auf.
Das machte Mut, und er bedeckte ihre
Schönheit mit so lieben Sätzen wie:
„Ich seh dich gerne an".
„Du strahlst für mich von innen", und
„Ich möchte dich berühren, deine Haare riechen",
Dabei legte er die Mulde seiner linken Hand
Auf ihre Wange, sie ihr federleicht zu streicheln,
Die war weich und warm und rosafarben, dann:
„Ich weiß noch viel zu wenig über dich, erzähl mir
Wie ich mich an dich gewöhnen kann und wie du bist".
Sie schien darüber irritiert und sagte ihm:
„Ich bin nicht ganz, vielleicht nicht wie du denkst".
Darüber staunte er:
„Was heißt nicht ganz, ich seh dich doch".
Sie aber:
„Ja, ich mag es dir nicht sagen, weil es dich vielleicht
Verschreckt".
Sie beugte sich dabei bis nah an seinen Mund und gab ihm
Langsam einen langen Kuss, doch das
Beruhigte ihn nicht.

Sie sprach dann weiter:
„Damals war es eine schwere Zeit für mich,
Ich wurde operiert
Und habe nur noch eine Brust".
Er lachte über so viel Kleinigkeit und sagte:
„Ich will dich und nicht an deinen

Brüsten liegen".
Daran mochte sie nicht wirklich glauben,
Doch sie war zu lange schon allein,
Dass alle Zweifel schwanden.
Nur mit einem letzen Aufbegehren sagte sie:
„Du darfst mich niemals dort berühren
Oder danach schauen, das verlange ich von dir"
Und willigte mit bangem und zugleich erglühtem Herzen
In ein Bündnis ein.

Sie lagen oft zusammen.

Er vermied es, ihre Brüste anzuschauen,
Auch, weil sie sie immer halb und halb bedeckte,
Und befolgte das Gebot.
Doch dann brach Neugier in ihm aus,
Und eines Nachts, als sie sich streckte
Und ihm alles überließ,
Schlich er mit sanfter Hand, verdeckt von ihrem
Kleid der Nacht, bis auf die
Milchhaut ihrer unversehrten Brust,
Die war ihm weicher als die Wange.
Die Berührung tat ihr unter schnellem Seufzen gut.
Sie legte einen Arm um seine Schulter,
Um den Hals, und seine Hand glitt weiter
Auf die andre Seite.
Die bestrich er mit der gleichen Sanftheit,
Hörte neue Seufzer, Schluchzen.
Sie gab sich der jungen Liebe völlig hin.
Er spürte sie, von sich gelöst, nach hinten in die
Kissen greifen,
Und ihr einstiges Verbot wurd nun zum Glöckchenklingen,
Das ließ sie die Nacht versingen.

Er jedoch erlebte seine Fähre,
In der Dunkelheit des Meeres ihrer Betten,
Strandend auf der schrecklich faltenvollen
Lederhaut des Schuppentieres.
All sein Liebeskleid gefror in diesem Augenblick,

Und ließ es Rüstung werden.
Die umschloss, verschloss ihn fest,
So fest, dass er sich würde nie davon befreien können.
Als sie aber früh am Morgen aufstand und ihn weckte,
Schmolz Metall.
Sie öffnete ihm stolz ihr Nachtkleid,
Zeigte auf die frisch vernarbte Brust in einem
Hauch von Alabasterfarben:
„Ich hab jetzt ein Implantat und in
Geringer Zeit ist es unspürbar gut verheilt,
Du wirst dann die verschämten Schwestern nicht mehr
Auseinanderhalten können".

Puppenhaus

Sie lebte letztlich in der Welt, die ihr
Nichts andres übrig ließ, als Phantasie.
Darin war sie die Frau von ihrem
Tagesgegenüber, ihrem Chef, und lebte so
Fast ein Jahrzehnt, auch diesen Herbst,
In ihrem Puppenhaus.
Sie liebte ihn.

Er hatte außerhalb studiert, war Landwirt,
Und von ihrem Können überzeugt.
Auch sahen sie einander täglich,
Saßen schreibtischweise gegenüber
Und besprachen ihren Tagesablauf.
Dabei redete sie äußerst kompetent,
In ihrem Herzen aber Unwichtiges,
Das schloss ihre Puppenstube niemals ein.
Er intressierte sich sonst kaum für sie,
Zu ihrem Glück auch nicht für andre Frauen.
Eingehüllt in einen Mantel der Bescheidenheit,
Erreichte sie es nicht,
Ihm die Befähigungen der verkannten Frau

Zu offenbaren, ihn sich zu gewinnen.
Nein, in ihrem Leben gab es für ihr
Wahres Leben keine Hoffnung mehr,
Die hatte sie vor langer Zeit verloren,
Auch weil sie in einem Alter war, das
Heirat sinnlos scheinen ließ.

So lebten und verbrachten sie die
Tage, Wochen, Monate und Jahre abgeschieden
Auf dem größten Gut der Gegend, kannten außer
Ihrem Nutzvieh und ein wenig
Personal nur noch den Tierarzt.

Er, ihr Angebeteter, das wusste sie,
Bewunderte sie wegen ihrer
Urteilskraft und, wie versehentlich, auch wegen ihrer
„Lieblichkeit", wie er es plötzlich einmal unvermutet nannte.
Sie war überrascht und fragte:
„Woran siehst du das"?
Sie konnte nichts mit „Lieblichkeit" beginnen.

Er, das ahnte sie nun auch, war völlig unerfahren,
Jedenfalls was Fraulichkeit und Weiblichkeit betraf.
Und „Lieblichkeit" war nicht sein Sprachgebrauch.

Das Wort war neu in seinem Mund, so neu,
Dass es ihn selbst verwunderte.
Er sah sich daraufhin sein Leben an
Und fragte sie ganz unvermittelt, ob sie
Ihres nicht mit seinem teilen wollte.
„Liebe", sagte er ganz stolz, „ist dabei nicht
Im Spiel, doch die mag kommen".

Sie war hell erschrocken über seine
Frage und die Worte und rang
Nächtelang mit sich.
Zugleich und instinktiv verstand sie aber,
Dass er es nicht besser wissen konnte, eine
Liebe, ihm ganz fremd, ihr zu gestehen.

Sie bedachte auch die Zeit, die schon
Vergangen und verloren war
Und horchte noch einmal in sich hinein.
Dort stand der Aufprall jener Echos seiner
„Lieblichkeit" und seiner Frage
Und verebbte nur sehr langsam.

Sie entschied sich schließlich mit gesenktem Blick
Und sagte:
„Hättest du mich das nicht viel, viel früher
Fragen können"?
Dennoch wagte sie den Augenblick
Und nahm den Antrag an.

Sie schenkte ihm und sich als Spätgebärende
In schneller Folge eine Tochter und
Dann eine zweite, die gemeinsam Abbild ihrer
Eltern waren.
Erstere erblühte innerlich, hielt sich zurück und
Schwieg ihr Leben lang,
Die Zweite lebte scheinbar selbstvergessen an der
Welt vorbei.

„Im nächsten Frühjahr", das entschied sie jetzt,
„Erschaffe ich mein Puppenhaus ganz neu.
In einem völlig andren Anfang
Wird er mir dann eine süß mit rotem Band
Verschnürte Schachtel schenken.
Daraus werd ich einen Ring entnehmen,
Den er mir als Überraschung
An den Finger steckt".

Zweimal Traurigkeit

Sie war die Frau des
Lotsen, und er wollte diesen
Posten nur, um möglichst nah bei ihr zu sein.

Sie war sehr groß,
Das hatte er zu Anfang nicht bemerkt.
Sie hatte weite, grüne Augen,
Überwuchs ihn körperlich,
Und ihre Schritte waren die des
Panthers, schleichend, langsam und sehr
Weich in ihren Fußbewegungen,
Es hoben sich die Ballen ihrer Füße
Rollend ab vom Boden,
Niemals hörte man nur ein Geräusch
Beim Schreiten.

Allzu fest verschlossne Dosen- oder Gläserdeckel
Öffnete sie elegant im Kreisen mit
Nur einer Hand, dass sie sich
Drehend fort bewegten.

Stand sie neben ihm, dann machte sie ihn
Mit erlauchten Handbewegungen,
Zu ihrem großen Mann.
Die Arme und die Hände wuchsen ihr dann zu
Erzählerinnen, die die Blicke auf sich lenkten.
Wenn sie ihr Theater öffnete, war er gefangen,
Und er liebte sie.
Auf ihr Erscheinen und ihr Spielen
Könnte er niemals verzichten.
Das gefiel auch anderen, die nur genießen durften
Und sonst schweigen mussten.

Seine Arbeit aber richtete sich nicht danach.
Er musste neuerdings auch über See
Und blieb dann lange.
Seine Frau vertraute ihm und sich.

Im fernen Schottland traf er unversehens eine
Frau, die war sehr klein und hatte Mitleid, weil er ihr
Verloren schien.
Sie spendete ihm Trost
Das tat sehr gut.

Sie hatte schmale Augen, die sie so sehr
Öffnen konnte, dass zwei
Spiegel daraus wurden, eigentlich
Zwei Seen in die man schauen musste.
Ihre kurzen Schritte machte sie auf
Zehenspitzen und erwuchs zur
Tänzerin, die Weite brauchte,
Räume füllte und mit hoch erhobenem
Gesicht die Augen anderer nach
Oben riss.
Sie schien sich selbst niemals genug.

All dies, gepaart mit ihren flinken Händen,
Liebte er von Anfang an.
Es waren Explosionen eigenartiger
Und ganz besonderer Verwandlungen der winzigsten
Ereignisse in große Illusionen,
Und sie machte ihn zu ihrem Publikum.
Er schenkte ihr dafür sein Herz,
Aufrichtige und wahre Liebe.

Später, auf der Heimfahrt, drückte ihn
Ganz unerwartet
Zweimal Traurigkeit.
Die konnte er sich nicht erklären.
„Lotsen", kam ihm der Gedanke, „steuern
Fremde Schiffe immer sicher in den
Hafen,
Danach gehen sie von Bord".

Zurück, bei seiner großen Frau, kam keine
Freude auf, und aus der Ferne
Traf ihn die Erinnerung an jene kleine
So verblasst
Als winke sie ihm wehe
Müdigkeiten nach.

Ein preisgekröntes Lied

Von seiner Mutter stammt noch das Büfett.
Das hatte er geerbt.
Es ist furniert mit
Durchsichtig lackiertem Kirschholz.
Seine Oberfläche schimmert in der Helligkeit des
Schmeichelglatten Bernsteins, den man einem
Sonnenuntergang entgegenhält.
Es ist weit über hundert Jahre alt.
Darauf steht eine weiße Vase und darin
Befinden sich die halb und weniger erblühten
Kelche eines Bundes aus Narzissen,
Gelb und weiß.

Es ist schon spät an diesem Abend.
Lampenlicht erhellt das
Gelb und Weiß zu kleinen
Sternenhaufen.

An der Wand darüber hängt ein
Ausgeprägtes, übergroßes Bild
Mit zwei Cellistinnen, die geben
Traumhaft und nicht wahrzunehmen, ein
Konzert, das zwingt und rührt,
Durch eigenartige Bewegungen im Stillstand, den
Besucher zu Gehör.

Vor dem Büfett steht sie an linker Seite
Und er rechts.
Erst schauen sie sich an,
Dann auf das Bild,
Und wenden dem Beobachter den Rücken zu.
Sie halten sich dabei an
Ihren Händen.

Neben ihnen liegen, unberührt,
Gespiegelt in der Oberfläche der Kommode,
Ihre Telefone.

Beide warten auf den Anruf.
Der, so ist sich der Betrachter sicher,
Wird erlösen und sie aus dem
Schock befreien.

Deutlich sieht man ihre
Herzen ineinander kriechen,
Und die suchen ein Versteck,
Das fände nur in einer Kammer platz,
Die müsste sie gemeinsam bergen.

In der Kammer, die sich dem
Betrachter öffnet, sieht man auf zwei
Rosen, die in Blüte stehen.
Eine strahlt in hellem Weiß, die andere in
Purpur, in verstecktem Rot.

Man wird erst später über diese Liebe,
Dies Ereignis sehr viel schreiben und
Ein preisgekröntes Lied
Ersingen.

Man wird weiter unermüdlich
Eine Wahrheit suchen und
Zusammenhang erstellen wollen zwischen
Nichtgeschehen und Geschehen,
Ihm und ihr
Und dem Büfett,
Den bildgefangen, harrenden Cellistinnen
Und ihrem Stillstand in Bewegung und Musik,
Sowie dem Sternenleuchten der Narzissen,
Beiden Telefonen und der
Kammer mit der aufgeblühten Pracht.

Auch nicht die kleinste Kleinigkeit darf dabei
Übersehen oder
Übergangen werden.

Als wenn es gestern wäre

Heute spreche ich mit dir
Nach langen, langen Jahren, die wir uns nicht sahen:
„Du erinnerst dich vielleicht?
Ich schenkte dir zu jener Zeit ein
Zartes Gliederhalsband,
Das ist Ewigkeiten her.
Ich legte es dir um den rosabraunen Hals.
Es schmiegte sich behutsam in die dünnen, hellen
Locken deines Nackenhaares.

Seine Glieder, fingernagelgroße Splitter, wurden unsre,
Schaukeln, die, aus Glas, weit in den Himmel schwangen,
Wir mit ihnen.
Mit uns glitten Puppenlandschaften aus
Gelben, weißen, roten Steinchen,
Ferne und dann wieder nahe Böschungen.
Die Teile dieses Bandes schienen einzeln
Eingehängt in Perlenketten,
Darin sahen wir die aufgereihten Engelstränen,
Klein und wichtig
In geheimer, unbekannter Botschaft.

Glas galt uns als Diamant, die
Perlenkugeln ein Geschenk des Sternenhimmels.
Damit lebten wir".

Du schweigst und siehst mich an.

Ich fahre fort im Überschwang:
„Wir wohnten Haut in Haut.
Wir schwammen, tauchten, liebten
In den warmen Wassern dieser
Seen.

Wir schufen an den Ufern
Hütten späterer Vergangenheiten,
Einige davon verschoben sich

Eng ineinander.
Damals lernten wir uns kennen und die
Neue Welt, die sich uns bot.
Es gab nichts weiter, außer uns,
Das mussten wir bewohnen und für
Alle Zeiten
Überleben lassen.

Etwas weiter abseits stehen heut noch unsere
Erinnerungen, die von ihrem
Uferleben gar nichts wissen oder wissen können.
Sie verkörpern uns gelebtes Leben außerhalb des
Gliederbandes.

Drüben auf der anderen Seite, hinter
Strand und Dünen, sehen wir, versteckt,
Schon fast begraben, aber immer noch nicht
Zugedeckt, wo wir versagten und uns
Zweifel, Angst und der Verlust
Um Freunde brachte, auch um
Liebenswerte Kleinigkeiten.
Die erwuchsen manchmal erst im Nachhinein zu
Großem Wert.
Die Glieder deiner Kette lassen mich an all das
Denken.
Ich erinner mich und dich".

Du bist geneigt und sagst:
„Die Kette ist so schön bei Licht.
Ich liebe sie und trage sie sehr gerne.
Alle Steinchen waren anfangs
Liebesschaukeln, wurden dann zu
Trägerinnen meiner Tränen und jetzt,
Neuerdings ein hoffnungsvoller Pfad in eine
Unbeschwerte Zukunft und dazwischen,
Geb ich zu,
Ließ ich sie mir aus nicht geweinten
Tränen vielfach durch die Hände
Gleiten.

Manchmal bleibt dabei die eine und die andere der
Perlen in den Ringen meiner Finger
Hängen, dass ich innehalten muss.

Das Halsband, dein Geschenk
Als wenn es gestern wäre,
Möchte ich nie missen,
Und ich will es Ewigkeiten tragen".

In Galaxien einer fremden Frau

Von ihrer Nachbarschaft, in der sie beide lebten,
Wussten und erfuhren sie nur wenig, eigentlich
War man sich fremd, obwohl es
Rundherum oft dörflich zuging.
Kaum, dass irgendwann das
Ungewöhnliche passieren würde.
Ihre Namen, er, genannt der Prinz, und sie als
Ariadne, waren auch nicht Beitrag für ein
Engeres Zusammenleben.
Er nahm ihretwegen, weil er davon einst gelesen hatte,
Einen neuen Namen an und taufte sich in
Theseus um.

Sie sahen auch in einer unverhofften
Einladung von einem Ehepaar, das sie nicht
Kannten, ein Versehen und ein Missverständnis.
Er erkundigte sich trotzdem dort und fragte nach,
Und man bestätigte, dass sie sehr wohl
Gemeint und sich die „Herrschaft"
Über ihr Erscheinen freuen würde.
Jemand käme um sie abzuholen,
Mit dem Hinweis, dieses sei das Fest der Feste,
Allerdings in kleinem Kreis, vielleicht mit zwölf Personen.

An dem Abend brachte sie ein Wagen vor ein
Schloss ganz in der Nähe, davon hatten sie noch

Nie gehört.
Die beiden waren aufgeregt in leichtem Fieber der
Begeisterung und Neugier.
Dennoch fühlten sie sich
Für den unbekannten Anlass richtig angezogen.
Andre Paare hatten sich, wie sie, in
Schlichte und dezente Eleganz gehüllt,
Doch das schien hier nicht wichtig.
Ariadne trug die lange Perlenkette ihrer toten Mutter
Auf der roseweißen Chiffonbluse.
Die war kinderschüchtern hoch geschlossen
Und doch fraulich dekolletiert.
Der Stoff verschleierte die Arme und lief bis zur Taille
Über ihre enge, schwarze Hose.

Nach dem aufwendigen Essen und der ungewohnten
Umsicht einer Dienerschaft, erschienen
Hausherr und die Hausherrin in feiner und nicht strenger
Kleidung und der Bitte an die Gäste
Sich einander vorzustellen und zu tanzen nach Belieben.
Das war allen recht.
Auch Ariadne und ihr Theseus zeigten unbeschwert im Tanz
Verliebtsein in Umarmungen und Küssen.
Einige der Paare, sahen sie, verhielten sich so ähnlich.
Auch das Paar, das eingeladen hatte,
War sich einig, schaute ohne Heimlichkeit zu anderen.
Die einen ließen sich nicht aus den Händen,
Die daneben tanzten in zu großem Abstand.
Ariadne und ihr Theseus suchten gegenseitiges Berühren,
Hatten süße Pfeile füreinander in den Augen.
Das fiel auf, und einige der Gäste
Schoben es auf die enorme
Jugend dieser beiden.

Spät, zu fortgeschrittner Stunde, rief die
Hausherrin zu kleiner Runde, und, ob alle etwas
Neues kennenlernen wollten, nämlich einen
Schicksalstanz.
Das hörte sich verwegen an und klang gefährlich.

Etwas Zukunftsangst rief leises
Zögern wach und barg vielleicht auch Zweifel.

Sie erklärte, dass die Paare sich zu
Anfang trennen müssten.
Jeder, jede sollte nun mit einem andren Partner tanzen.
Darauf sollten sie versuchen, wieder Eins zu werden.
Dafür würde die Musik das Tanzen
Dreimal nacheinander unterbrechen.
Alle dürften dabei erst mit drei, dann zwei und
Schließlich mit nur einem Schritt in
Jene Richtung, wie sie wollten, gehen,
Um erneut ein Paar zu werden.
Danach würde alles
Licht gelöscht und auch das
Fest der Feste sei vorbei.

Der Tanz begann, und schon beim ersten Stopp
Sah Ariadne wie ihr Theseus sich
In Galaxien einer fremden Frau entfernte.
Sie erblasste.
Schlimmer noch, gleich nach der zweiten Pause, stürzte
Ihre Liebe tief in die Verliese der Verzweiflung,
Als sie ihn nicht mehr erblicken konnte.
Weglos, ohne Halt, verlassen,
Sank sie still zu Boden.
Theseus aber, eine Handbreit hinter ihr,
Erreichte sie mit seinem
Letzten Schritt und fing sie auf.
Dann hüllte Finsternis sie alle ein.

Noch im Dämmerlicht verblasst die Silhouette

Ihre beste Freundin hatte einst als
Junges Mädchen in das
Poesiealbum geschrieben:
„Jungfrau sein ist doof".
Das ist nun über zwanzig Jahre her,
Jetzt endlich steht sie vor dem Schritt der Schritte
Und vor einem leisen Bild.
Der Mittelpunkt des Bildes ist sie selbst.
Sie schaut sich auf den Rücken,
Sieht sich auf dem kleinen Holzsteg, welcher
Ein paar Meter, niedrig, her vom
Ufer übers Wasser reicht.
Das ist ein stiller See, der heute keine
Wellen hat.
Nur Plätschern ist vom Strand zu hören.

Sie steht dort als Braut im langen Kleid,
Die Hände rückwärts unterhalb der Taille
Fest vereint, gefaltet, scheinbar im
Gebet versteckt
Das Kleid fällt als der Glockenturm der leuchtend hellen
Tulpe, die den Kelch nach unten öffnet, glatt herab
Und lässt den Saum die Bretter nicht berühren.
Es entsteht ein Schwingen seines weiten Stoffes.
Den bewegt vielleicht das Säuseln eines Windes oder
Jene Ungewissheit, was sie wohl erwartet,
Die ein angenehmes Zittern überträgt.

Dem Bräutigam erklärte sie die kleine Flucht
Und das Alleinsein wollen.

Weit vom Horizont des andren Ufers schimmert
Gelblich rotes Feuer einer Abendsonne
Durch die flache, langgestreckte Nebelbank
Herüber.
Aus dem Gegenüber lässt sich eine Zukunft
Aber so nicht lesen.

Von der linken Seite treibt ein
Ruderloses, segelloses Boot heran.
Noch ist es ungewiss, ob Etwas oder
Jemand sich darin verborgen hält.
„Vielleicht", so denkt sie, „werde ich
Von meinem Bräutigam geholt".
Das Boot ist aber wirklich leer.
Es legt sich seitlich an den
Steg.

Mit einem festen Ruck hebt sie den Blick zum
Himmel.

Ihre überlangen, dunkelbraunen Haare
Ziert und bindet eine Blumenspange auf dem Hinterkopf.
Sie gleiten weiter als ein
Fall von Schatten auf die
Schultern und den Rücken,
Schmiegen sich gewunden und gebunden,
Werden nun zu einem Strauß von schwarzen Rosen,
Deren Knospen, kaum geöffnet, fast bis zu den
Händen reichen.
Unter allem kleidet sie ein
Ärmellanges, weißes Jäckchen.

Plötzlich werden ihre Augen feucht.
Sie ist nicht sicher ob von Tränen,
Nein, das wäre nicht gerecht,
Vielleicht jedoch vor Freude.

Jemand von den Gästen kommt in ihre Nähe
Und nimmt sie in ihrem Innehalten auf.
Er schämt sich aber wegen seiner
Neugier und der Störung dieser
Andacht.
Er geht schweigend wieder fort und
Löscht dabei das Video.

Die Braut löst ihre Hände und
Rafft eilig Saum und Rock des Hochzeitkleides.
Packt dann vorsichtig den Rand des
Bootes, hält es fest
Und steigt behutsam ein.
Dort nimmt sie Platz auf einer schmalen Bank
Und stößt sich ab.

Es treiben, fast im Stillstand, Boot und Passagier
Erst durch ein weißlich Grau und später
Rötlich Dunkelblau zum
Gegenüber.

Noch im Dämmerlicht verblasst
Die Silhouette.

ISBN 9783743175938

Weitere Veröffentlichungen von Harald Birgfeld im Verlag:
Books on Demand GmbH, 22848 Norderstedt und online.
Lyrik:
..and I said to myself, what a wonderful world,
36 Gedichte mit fantastischen Inhalten, 44 S.
Auf deiner Reise zum Rande im Rande des Randes der Sonne
187 Gedichte: Im Innern der Sprache werden Kräfte freigesetzt. 184 S.
Die Insassinnen, *Epos, Lyrik, Außenlager KZ-Sasel, 136 S.*
Feuer, das zur Speise wird, *114 Gedichte aus meiner digitalen Welt, 68 S.*
Für dich..., *43 Liebesgedichte und 15 Augen-Blicke, 32 S.*
Gedichte, veröffentlicht in ausgewählten Anthologien, und
  Namenlos von meiner Insel, 42 Briefe, *Lyrik, 108 Seiten,*
Honigweißer Duft, *14 fantastische Gedichte,*
32 S. dabei 14 farbige Seiten.
Liebestestament, *37 Gedichte Liebeslyrik, 44 S.*
Mund aus Glas am Rand aus Fleisch, *114 Gedichte,*
Schwarze Liebeslyrik, 120 S.
Sofortige Lähmung, *112 Gedichte aus dem Innersten, 72 S.*
Unter einem Mikroskop, *36 Gedichte für eine parallele Welt, 28 S.*
Von Haut zu Haut, *132 Gedichte: Was macht meine Liebe an dir und an mir mit mir und mit dir? Liebeslyrik. 48 S.*
Wir gerieten in den Gürtel der Meteoriten, *10.000 Aufschläge, Band 14: Aufschläge 6502 – 6999, ca. 500 Strophen aus einem Zyklus von 10.000 Strophen. Lyrik. 224 Seiten*
Wo die schwarzen Blätter wachsen, *129 erotische Gedichte? 76 S.*

Prosa:
Die Tätowierungen der jungen Tanja W. : *„Die Tätowierungen der jungen Tanja W." handelt von der Selbstsuche und Selbstfindung einer jungen Frau, 132 S. Format A5*
Fünf Veröffentlichungen/Five Publications (deutsch/englisch),
32 S. Format A5 (1 Band)
Theorie und Utopie der eigenen Zeit,
Theorie und Utopie der anderen Zeit.
Die Zeit der Gleichungen ist vorbei
Societ lyrics, was ist das?
Folienbilder-Entstehung
Kleine Fibel Arbeitsschutz *(für die praktische Arbeit) an:*
„Hochschulen", „Kindergärten", „Schulen" (3 Bände)

Weitere Veröffentlichungen von Harald Birgfeld, derzeit **online** unter
www.Harald-Birgfeld.de
Im Volltext für jedermann zugänglich und einsehbar.

Lyrik:

Alsterwanderweggedichte, 41 zeitgenössische Gedichte, (illustriert)
Bärbel und Harald, Epos, Gedicht in 93 Teilen
Die Frau des Terroristen, 53 Facettengedichte
Die Insassinnen, Theaterstück,
    Außenlager KZ Sasel, 3 Akte
Die Zeit der Gummibärchen ist vorbei,
    76 zeitgenössische Gedichte, (illustriert)
Gespräche dritter Art, 90 zeitgenössische Gedichte
Gespräche zweiter Art in Art der Art,
    89 zeitgenössische Gedichte
Im Reißverschluss der Illusion, 57 Facettengedichte
Wir gerieten in den Gürtel der Meteoriten, 10.000 Aufschläge,
    23 Gedichtbände
Lyrik von Harald Birgfeld erschien in mindestens 27 Anthologien

Prosa:

Pina Bausch, Nachruf
Trennung von B.
Vom Sterben nach dem Tod
Warten auf die Anderen.